Nicolas Rouiller

Economie solidaire

Les instruments juridiques et leur contexte

EurAsian
Scientific Editions Ltd

© EurAsian Scientific Editions OÜ, Tallinn, Estonia / EurAsian Scientific Editions Ltd, Wanchai, Hong Kong, ISBN 978-9949-7485-6-3
www.eurasian-scientific-editions.org

I. Introduction

L'économie solidaire, en particulier les entreprises à vocation solidaire ou aux modes d'action solidaires – au sein de l'entreprise ou vers l'extérieur –, est un vaste sujet. Il a aussi une profondeur historique : les juristes à l'orée de la deuxième décennie du XXIe siècle ne sont pas les premiers à s'y intéresser.

L'Association Henri Capitant des amis de la culture juridique française, qui réunit des juristes de près d'une centaine de pays, a décidé d'y consacrer l'une des journées de son congrès annuel en juin 2019. Le présent ouvrage est un développement du rapport général. Selon la méthode suivie par l'association, le rapporteur général soumet aux rapporteurs désignés par les différents groupes nationaux un questionnaire qui constitue une grille de lecture du sujet ; grâce aux rapports nationaux écrits et aux débats lors du congrès, le rapport général bénéficie de robustes sources de droit comparé. Les rapports nationaux et le rapport général sont publiés ensemble par l'association. La présente publication est limitée au rapport général, mis à jour et complété[1].

Bien entendu, les questionnements abordés dans cet ouvrage ne peuvent avoir pour objet la solution – ou la proposition de solutions – à tous les problèmes macro-économiques, sociaux (y compris sanitaires) et écologiques qui peuvent

L'ampleur du sujet

L'importance des instruments juridiques

---

[1] L'auteur remercie en particulier Mme Léonore Lebedeva, assistante juridique au sein du cabinet d'avocats SwissLegal Rouiller & Associés, à Lausanne, Genève et Fribourg, pour son attentive relecture et ses suggestions fort opportunes.

être traités par davantage de solidarité ; l'approche se concentrera sur les instruments juridiques de l'économie solidaire, sous l'angle de l'action entrepreneuriale.

On espère ainsi ne pas pécher par excès d'ambitions, mais on s'efforcera aussi d'éviter une autocensure mentale qui restreindrait la réflexion dès qu'un aspect non strictement juridique est en cause. D'ailleurs, tout en ne s'interdisant pas de lancer le regard hors du champ du droit, il y a lieu de ne pas sous-estimer l'importance des questions juridiques dans le débat de l'économie solidaire : même si le droit ne doit être qu'un serviteur des décisions de la société ou de la collectivité au sens large, il faut reconnaître que les mécanismes juridiques ont aussi une influence, parfois fondamentale *et structurante*, sur la société et l'économie. Il n'est pas faux de dire que les mécanismes juridiques sont à la fois l'émanation de la société et (une partie de) son infrastructure.

Actualité   Le débat sur l'économie solidaire est hautement actuel et vif[2], et porteur d'espoirs, car on ne peut pas dire que – même avant les nouvelles perturbations liées à la pandémie de coronavirus survenue dès le début de l'année 2020 – l'état de l'économie telle qu'elle est structurée donne lieu à un débordement universel d'optimisme ou de satisfaction ; il n'y a pas de consensus pour dire que les mécanismes juridiques « dominants » formant l'infrastructure

---

[2] Pour se borner à quelques ouvrages en français : Pascal GLÉMAIN, *L'Economie sociale et solidaire – De ses fondements à son « à venir »*, 2019 ; LACROIX / SLITINE, *L'Economie sociale et solidaire*, 2e éd., 2019 ; GIORGINI / VAILLANT, *La fulgurante recréation*, 2016 ; SLIM / PRIETO, *Idées reçues sur l'économie collaborative*, 2018 ; Isabelle DELANNOY, *L'économie symbiotique - Régénérer la planète, l'économie et la société*, 2017.

économique de la société soient les seuls possibles d'un point de vue pratique et que, dès lors, il n'y aurait lieu d'envisager que de menus réglages de détail.

La solidarité, sous de multiples formes, n'est évidemment pas du tout absente des sociétés ou collectivités humaines actuelles. En particulier, elle est présente dans un bon nombre d'activités qui peuvent être qualifiées d'économiques. Mais il faut bien reconnaître que la forme principale *d'entreprise*, consacrée par le droit et manifestement dominante économiquement, ce sont *les entreprises non solidaires* – les entreprises à but non solidaire. Ce n'est pas les insulter que le dire, car cela est tout à fait clair et admis.

A ce stade de l'introduction, déjà au septième paragraphe, le lecteur attentif observera que le terme *économie solidaire* n'a pas encore été véritablement défini. Il faut d'ores et déjà le confesser : on devra procéder par tâtonnements, tant les définitions sont diverses dans les différents ordres juridiques et parfois d'ailleurs au sein d'un même ordre juridique. C'est par un premier contraste que l'on peut discerner clairement, en partie, le contour du sujet : les mécanismes principaux classiques de l'économie ont un caractère clairement *non solidaire*. L'économie solidaire s'inscrit dans une approche alternative à ces mécanismes, ou dans une évolution par rapport à ce qu'ils sont dans leur conception ou confection originelle.

« L'économie non solidaire »

Concrètement, parmi les mécanismes classiques de l'économie, le **contrat de société** est conçu dans beaucoup d'ordres juridiques comme orienté vers la réalisation et le partage d'un bénéfice *entre associés*, sans qu'il soit question d'un objectif bénéfique *pour la collectivité*.

Les formes d'entreprise « non solidaires »

C'est encore plus manifeste pour la forme dominante d'entreprise, à savoir la **société anonyme**, qui est à peu près dans tous les pays la forme juridique utilisée par les grandes et les très grandes entreprises – celles qui ont le plus d'impact à maints égards (de par leurs décisions directement entrepreneuriales, p.ex. quant à l'implantation de leurs activités, ou par l'usage de leurs importants moyens en toutes sortes de circonstances, y compris dans le débat d'idées). Elle repose sur la conception que *l'intérêt économique de l'actionnaire est la fin ultime de la société* anonyme ; les organes de la société anonyme doivent exercer leurs compétences et leur talent, et les ressources de la société, pour servir cet intérêt. De son côté, en tant que tel, l'actionnaire a *aussi peu de devoirs que cela est concevable* : sur le plan de la responsabilité, il n'est pas solidaire des dettes de l'entreprise ; et l'absence de toute forme de solidarité va loin puisque le système est conçu pour que l'actionnaire puisse céder sa part (ses actions) aisément[3] (la facilité de la faculté de « quitter le navire » illustre que les liens entre l'actionnaire et la société sont structurellement aussi lâches que possible).

Le fonctionnement et la conception éminemment non solidaires de la principale forme de société a parfois mauvaise presse[4]. Il n'est pas rare de voir vertement critiquées les grandes sociétés qui – en toute licéité juridique

---

[3] D'abord, le départ de l'actionnaire ne suppose pas de dissoudre la société. De plus, dans la plupart des systèmes, la cession d'actions est libre ; et lorsqu'elle est soumise à restrictions par la possibilité du conseil d'administration de refuser un transfert, la société a dans beaucoup de cas l'obligation d'acquérir les actions dont le transfert a été refusé.

[4] Dans une perspective anthropologique, David GRAEBER, *Debt - The first 5000 years*, 3ᵉ éd., 2014, p. 354.

– procèdent à des licenciements massifs de leurs employés alors qu'elles versent d'imposants dividendes à leurs actionnaires. Il en va de même, par exemple, du maintien du caractère polluant (le cas échéant discret) de leurs activités aux fins de préserver une rentabilité élevée, destinée notamment à favoriser le versement de dividendes ou le cours boursier. La vive critique peut aussi porter sur l'exploitation de la clientèle (notamment de la sphère privée, en particulier des données personnelles) mise en rapport avec le but, considéré comme vil, d'intensité du rendement du capital des actionnaires et de croissance du cours de leurs actions sur les marchés financiers. Dans une critique globale, des penseurs disent des grandes sociétés qu'elles sont les « passagers clandestins »[5] des collectivités humaines : elles profitent de ce que mettent en place les collectivités sans en payer le coût ; elles sont l'incarnation massive d'une situation où « les gains sont privatisés et les coûts socialisés »[6].

---

[5] L'expression est assez souvent employée. V. p.ex. Eloi LAURENT, *L'impasse collaborative*, 2018, p. 126 ; aussi Jacques SAPIR, *Les économistes contre la démocratie*, 2002, p. 57 (critique des actionnaires).

[6] On retrouve cette opposition, devenue une expression courante, dans d'innombrables publications, y compris officielles (ainsi le Conseil de l'Europe l'emploie-t-il dans l'ouvrage de 2011 *Vivre en dignité au XXIe siècle - Pauvreté et inégalité dans les sociétés de droits humains : le paradoxe des démocraties*, 2011, p. 121). L'expression est largement utilisée dans le monde anglo-saxon (« *privatization of profits and socialization of losses* »), notamment par l'économiste Joseph STIGLITZ à une époque récente (interview du 19.1.2010 à CNBC), antérieurement par le linguiste Noam CHOMSKY (*Failed States: The Abuse of Power and the Assault on Democracy*, 2006) mais elle aurait été employée au XIXe siècle par le président des Etats-Unis Andrew Jackson, lorsqu'il fit fermer la « Second Bank of the United States » en 1836.

Pourtant, force est de constater d'une part que l'époque actuelle n'est pas la première qui voit de vertes critiques adressées à cette forme d'entreprise non solidaire, l'entreprise structurellement égoïste ; et d'autre part, il faut bien reconnaître aussi qu'elle a jusqu'ici résisté assez largement à la critique au cours des âges.

Il est utile d'avoir à l'esprit que le sous-bassement intellectuel de l'entreprise non-solidaire est assez profond.

II. Histoire et philosophies

La « main invisible » et l'entreprise non-solidaire ; les oscillations vers différentes formes de solidarisme

Fondements philosophiques et d'économie politique

Les entreprises à visées non-solidaires, c'est-à-dire strictement individualistes ou égoïstes, donc par quintessence la société anonyme dont le but ultime est le profit de ses actionnaires, sont d'une certaine façon l'incarnation juridique ou le mécanisme concret de doctrines philosophiques qui consistent à dire que l'égoïsme est en définitive bon pour le développement de la société dans son ensemble.

Effets attribués à la volonté d'enrichissement (illimité)

On pense bien sûr à ce qui est résumé par la formule du penseur écossais Adam Smith d'une espèce de « main invisible » qui coordonne les actions égoïstes des acteurs économiques individuels (et notamment la *volonté d'enrichissement illimité*) pour aboutir à un bien-être collectif supérieur, et supérieur à ce qu'il serait si chacun agissait en voulant, dans son activité économique, faire le bien d'autrui.

Une fresque de l'histoire des idées philosophiques juridico-économiques serait bienvenue, mais dépasserait hélas le cadre de ce rapport. On se bornera ici à quelques repères assez schématiques.

Bien que l'idée d'Adam Smith apparaisse de prime abord en rupture avec les philosophies morales et religieuses dominantes à son époque qui tendaient à la charité – soit, bien que les termes fussent alors différents, à la solidarité[7] – et en tout cas ne glorifiaient pas l'égoïsme, elle n'est pas venue de rien et était en germe dans l'air du temps. Son *diagnostic* a choqué une bonne partie de ses lecteurs, mais il s'inscrit dans le mouvement *empiriste* dont l'un des initiateurs est David Hume, à peu près contemporain ; il est aussi à l'orée du grand mouvement de *l'utilitarisme* d'autres

---

[7] Le rapport national brésilien d'Arnoldo WALD, réponse à question 4, fait fort opportunément ce rappel explicite : *« Sur le plan culturel, la tradition religieuse est présente au Brésil, en particulier d'origine catholique. Cela peut également contribuer à l'application des principes de « l'économie solidaire » dans le quotidien de la société ».* Voir aussi le mouvement solidariste regroupé sous le terme d'Ecole de Nîmes à la charnière du XIXe et du XXe siècle, tel que l'illustrent les titres des importants ouvrages cités *infra* à la note 37. Pour une perspective d'Amérique du Nord, cf. Carroll QUIGLEY, *Tragedy & Hope*, 1965, p. 1268 : *« This new outlook is basically existentialist [...]. It emphasizes people, and finds the highest good of life in interpersonal relations, handled generally with compassion [...]. The two chief concerns are 'caring' and 'helping' [...]. The whole idea is very close to Christ's message 'Love one another' »*; v. aussi p. 1233: *« a growing concern with one's fellowmen, a kind of practical Christianity »*. Pour une perspective islamique, cf. Charles TÉPAUT, *Le monde arabe en morceaux*, 2020, p. 54 (qui se réfère à Masudul Alam CHOUDURY, *Principles of Islamic Economics*, Middle Eastern Studies 1983, p. 93-103) : *« Du* tawheed *découle la fraternité, qui veut que les relations économiques soient également gouvernées par un impératif d'équité. Il doit toujours y avoir un lien entre la rémunération et la quantité de travail fournie, et il doit y avoir un partage équitable des risques ».*

philosophes anglais comme Jeremy Bentham et Stuart Mill, qui ont renversé beaucoup de concepts moraux antérieurs.

Il est intéressant de noter que l'idée selon laquelle l'égoïsme et la volonté d'enrichissement sont socialement bénéfiques avait été exprimée *avant Adam Smith* par un médecin anglo-hollandais, d'ascendance huguenote, Bernard de Mandeville, dans un opuscule d'une vingtaine de pages, intitulé la Fable des abeilles (1714[8]) ; son sous-titre était « *Les vices privés font les vertus publiques* »[9]. Pour saisir son propos en quelques mots : il compare l'Angleterre de son temps à une ruche où les vices ont libre cours et qui est prospère, mais où l'on se plaint du manque de vertu, alors que si elle se transformait en ruche vertueuse, sa prospérité disparaîtrait. Les vices privés contribuent au bien public tandis que les actions altruistes peuvent nuire à celui-ci ; en libérant les appétits et la recherche de richesses, le vice apporte de l'opulence qui ruissèle du haut de la société vers le bas.

---

[8] Initialement un poème paru en 1705 sous le titre « La ruche bourdonnante ou les fripons devenus honnêtes gens »

[9] « *The Fable of the Bees, or: Private Vices, Publick Benefits* ».

THE FABLE OF THE BEES: OR, Private Vices, Publick Benefits. The SECOND EDITION, Enlarged with many ADDITIONS. AS ALSO An ESSAY on CHARITY and CHARITY-SCHOOLS. And a Search into The NATURE of SOCIETY. LONDON: Printed for Edmund Parker at the Bible and Crown in Lombard-Street. 1723.

THE FABLE OF THE BEES: OR, Private Vices, Publick Benefits. With an ESSAY on CHARITY and CHARITY-SCHOOLS. AND A Search into the Nature of Society. The THIRD EDITION. To which is added A VINDICATION of the BOOK from the Aspersions contain'd in a Presentment of the Grand-Jury of Middlesex, and an abusive Letter to Lord C. LONDON: Printed for J. Tonson, at Shakespear's-Head, over-against Katharine-Street in the Strand. MDCCXXIV.

La 3e édition (1724, ci-dessus) relate aussi le procès devant le Grand Jury du Middlesex

LA FABLE DES ABEILLES, OU LES FRIPONS DEVENUS HONNETES GENS.

AVEC LE COMMENTAIRE, Où l'on prouve que les Vices des Particuliers tendent à l'avantage du Public.

UN NOMBREUX Essaim d'Abeilles habitoit une Ruche spacieuse. Là, dans une heureuse abondance, elles vivoient tranquiles. Ces Mouches, célèbres par leurs Loix, ne l'étoient pas moins par le succès de leurs armes, & par la manière dont elles se multiplioient. Leur Domicile étoit un Séminaire parfait de Science & d'Industrie. Jamais Abeilles ne vécûrent sous un plus sage Gouvernement : cependant, jamais il n'y en eut de plus inconstantes & de moins satisfaites. Elles n'étoient, ni les malheureuses Esclaves d'une dure *Tyrannie*, ni exposées aux cruels desordres de la féroce *Démocratie*. Elles étoient conduites par des Rois qui ne pouvoient errer, parce que leur pouvoir étoit sagement borné par les Loix.

CES INSECTES, imitant tout ce qui se fait à la Ville, à l'Armée, ou au Barreau, vivoient parfaitement comme les Hommes, & exécutoient, quoiqu'en petit, toutes leurs actions. Les merveilleux Ouvrages opérés par l'adresse incomparable de leurs petits Membres, échappoient à la foible vue des Humains : cependant il n'est parmi nous, ni Machine, ni Ouvriers, ni Métiers, ni Vaisseaux, ni Citadelles, ni Armes, ni Artisans, ni Rues, ni Science, ni Boutiques, ni Instrumens, en un mot il n'y a rien de tout ce qui se voit parmi les Hommes dont ces Animaux industrieux ne se servissent aussi. Comme donc leur langage nous est inconnu, nous ne pouvons parler de ce qui les concerne, qu'en emploïant nos expressions. L'on convient assez généralement qu'entr'autres choses dignes d'être remarquées, ces Animaux ne connoissoient point l'usage des Cornets ni des Dez ; mais puisqu'ils avoient des Rois, & par conséquent des Gardes, on peut naturellement présumer qu'ils connoissoient quelque espèce de Jeux. Vit-on en effet jamais d'Officiers & de Soldats qui s'abstinssent de cet amusement ?

LA FERTILE Ruche étoit remplie d'une multitude prodigieuse d'Habitans, dont le grand nombre contribuoit même à la prospérité commune. Des millions étoient occupés à satisfaire la vanité & l'ambition d'autres Abeilles, qui étoient uniquement emploïées à consumer les travaux des prémières. Malgré une si grande quantité d'Ouvriers, les désirs de ces Abeilles n'étoient pas satisfaits. Tant d'Ouvriers, tant de Travaux, pouvoient à peine fournir au Luxe de la moitié de la Nation.

Quelques-uns, avec de grands fonds & très peu de peines, faisoient des gains très-considérables. D'autres, condamnés à manier la faulx & la bêche, ne

Adam Smith

Ce brûlot provocateur de 1714 avait assurément choqué. Il ne semble pas avoir été tenu en haute estime[10] mais avait marqué les esprits au point d'être encore connu quarante ans plus tard, ses vues étant combattues par Jean-Jacques Rousseau dans le *Discours sur l'origine et les fondements de l'inégalité parmi les hommes* (1754). Il est reconnu qu'il a inspiré Adam Smith, qui était un penseur respecté – philosophe, juriste et économiste. Son idée de *main invisible*, dont l'énoncé a certes des allures un peu mystiques, n'est pas une phrase à l'emporte-pièce lancée à la cantonade : elle figure sous différentes formes dans sa *Théorie des sentiments moraux* (dès 1759), puis dans ses *Leçons de jurisprudence* (1762-1764) et finalement, une quinzaine d'années plus tard, dans *La richesse des nations* (1776 - *An Inquiry into the Nature and Causes of the Wealth of Nations*). Ce dernier ouvrage est d'ailleurs une somme de données économiques très méthodique et précise ; il est parfois décrit comme la première grande œuvre scientifique d'économie politique[11]. Bien loin donc de ne contenir que la thèse et

---

[10] MANDEVILLE a explicité sa pensée dans des ouvrages encore plus explicites, en particulier avec *An essay on Charity and Charity-Schools and a Search into the Nature of Society* (1723). Cet essai, publié en même temps que la 2e édition de la Fable des abeilles, a donné lieu à des poursuites judiciaires au titre de son immoralité (SPECK, *Bernard Mandeville and the Middlesex Grand Jury*, Eighteenth Century Studies 1978, p. 362 ss ; la 3e éd. est postérieure au procès). Il semble que cela ait attiré beaucoup d'attention, et des critiques virulentes par les philosophes anglais de l'époque, notamment l'évêque Berkeley.

[11] En Angleterre, il a immédiatement reçu un éloge dithyrambique de philosophes, penseurs et politiciens tels David Hume, Edward Gibbon ou Edmond Burke puis a notamment été cité comme autorité dans les débats du Parlement dès 1783 (notamment en 1792 par le premier ministre William Pitt ou en 1800 par Lord Grenville). Cela étant, il importe de ne pas omettre les ouvrages – antérieurs – des auteurs français François QUESNAY (*Tableau économique*, 1758), le Victor RIQUETTI DE MIRABEAU (*L'Ami des hommes ou Traité de la population*,

l'image de la main invisible, cet ouvrage imposant peut expliquer le crédit dont elle a bénéficié.

La formule se présente non comme une proposition mais comme le résultat de son analyse : « [...] *L'individu est conduit par une main invisible à remplir une fin qui n'entre nullement dans ses intentions [...]. Tout en ne cherchant que son intérêt personnel, il travaille souvent d'une manière bien plus efficace pour l'intérêt de la société, que s'il avait réellement pour but d'y travailler. Je n'ai jamais vu que ceux qui aspiraient, dans leurs entreprises de commerce, à travailler pour le bien général, aient fait beaucoup de bonnes choses* » [12].

La « main invisible » dans le texte

1756-1762), Vincent DE GOURNAY (à qui on attribue la formule « *laissez faire [les hommes], laissez passer [les marchandises]* ») ou, le précurseur Richard CANTILLON (*Essai sur la nature du commerce en général*, 1730, publié en 1755), alors nommés « les économistes », puis, pour la plupart d'entre eux, « les physiocrates » (il ne serait pas faux de rattacher à ce mouvement l'analyse économique de VAUBAN sur laquelle se base son projet d'impôt proportionnel général et égalitaire *La Dîme Royale*, 1707). Sur le plan politique, les idées – libérales – sont notamment systématisées par Pierre-Paul LEMERCIER DE LA RIVIERE dans *L'Ordre naturel et essentiel des sociétés politiques* (1767).

[12] Traduction d'Eloi LAURENT in L'impasse collaborative – pour une véritable économie de la coopération, 2018, p. 85. Pour le texte original : « *As every individual, therefore, endeavours as much as he can both to employ his capital in the support of domestic industry, and so to direct that industry that its produce may be of the greatest value; every individual necessarily labours to render the annual revenue of the society as great as he can. He generally, indeed, neither intends to promote the public interest, nor knows how much he is promoting it. [...] and by directing that industry in such a manner as its produce may be of the greatest value, he intends only his own gain, and he is in this, as in many other cases, led by an invisible hand to promote an end which was no part of his intention. [...] By pursuing his own interest he frequently promotes that of the society more effectually than when he really intends to promote it. I have never known much good done by those who affected to trade for the public good* ».

Portée

Dans sa doctrine des vertus économiques de l'égoïsme, Adam Smith parle aussi bien sur le plan micro-économique, en disant que la qualité des produits ou des services vient de la volonté d'enrichissement de l'acteur économique (plutôt qu'au souhait de bien servir ses clients), et sur le plan macro-économique, en disant que cela aboutit à l'accumulation de capital, d'excédents non nécessaires, qui sont bénéfiques pour la prospérité de la société dans son ensemble – notamment, ils permettent l'investissement.

Il n'est pas exagéré de dire que, depuis Adam Smith, il y a, dans le monde des idées, une puissante *philosophisation* de l'égoïsme pour ses vertus économiques tant micro-économiques que macro-économiques. L'égoïsme n'est pas seulement toléré mais il est vu comme socialement vertueux, puisqu'il est retenu que la volonté d'agir pour l'intérêt d'autrui, donc d'être solidaire, est *in fine* moins efficace pour la société. Mis en relation avec le sujet du présent rapport général, le message de cette philosophie qui a eu un immense retentissement pratique serait en bref : « *surtout pas (ou pas trop) d'économie solidaire* », ou « *les entreprises à visée altruiste ne sont pas socialement utiles, voire sont néfastes* ».

Doctrines opposées

Malgré son impact intellectuel et pratique majeur en Angleterre[13], il faut relever que les thèses d'Adam Smith y ont aussi été combattues, parfois en des termes très vifs[14].

---

[13] L'historien Lord ACTON (auteur de la formule célèbre : « le pouvoir tend à corrompre ; le pouvoir absolu corrompt absolument » - « *Power tends to corrupt, and absolute power corrupts absolutely* ») disait une centaine d'années après la publication que la Richesse des nations avait donné une « *colonne vertébrale scientifique au sentiment libéral* ».

[14] Le poète romantique Robert SOUTHEY qualifiait en 1812 la *Richesse des nations* de « livre fastidieux et au cœur dur » (« *tedious and hard-*

Et, sur le plan philosophique, on doit déceler une opposition fondamentale qui résulte implicitement de la culture rationaliste des philosophes français ou allemands. Même Voltaire, malgré son anglophilie, soutient systématiquement, fût-ce à travers ses railleries, que l'humanité doit se guider elle-même, librement et rationnellement, plutôt que compter sur ce qui a des allures mystiques, comme l'a la main invisible. L'hyper-rationalisme de Kant entre 1780 et 1800[15] ou de Hegel entre 1810 et 1830 ne revient manifestement pas à compter sur la main invisible pour régler les questions économiques ou les problèmes sociaux [16] . Et, bien évidemment, le rationalisme de Marx dès 1848 compte

---

hearted book »), tandis que le politicien radical William COBBETT le disait être rien moins que « diabolique » (« *blown to the devil* »). Lord WARWICK disait qu'Adam Smith aurait, sur certains points, à rougir devant les effets de ses théories (« *that Great Man would have reason to blush for some of the doctrines he had laid down* »).

[15] L'impératif catégorique et l'idée d'agir par devoir, rationnellement déterminé, paraissent s'opposer nettement à la thèse de l'égoïsme comme moteur légitime de l'action individuelle économique. Kant inspire néanmoins des penseurs de l'économie libérale (Ludwig VON MIESE, cf. p.ex. *The ultimate foundation of economic science : An essay on method*, 1962, chap. 1/1), autant qu'il peut aussi servir de repoussoir à des libertariens, adeptes d'une main invisible débridée (cf. p.ex. Ayn RAND, *Notes on the History of American Free Entreprise*, 1959, et in *The Objectivist*, septembre 1971 : « *the most evil man in mankind's history* »).

[16] On peut se référer à l'aperçu d'Henri DENIS dans *Logique hégelienne et systèmes économiques* (1984) ; le rationalisme d'Hegel (pour lequel l'Etat, porteur d'une rationalité authentique, permet de réinventer l'équilibre entre les forces contradictoires en les dépassant) s'oppose en matière économique au *planisme* (avant la lettre) de Johann FICHTE (*Fondements du droit naturel*, 1796, où cet auteur expose déjà un projet d'économie intégralement planifiée, pensée également développée dans *L'Etat commercial fermé*, 1800).

encore moins sur elle et veut lui ôter tout champ d'application[17].

Influence concrète ; diffusion de la société anonyme

Mais, malgré la force des philosophies alternatives à la main invisible, on doit observer que l'économie du XIXe siècle, guidée par le phare macro-économique britannique[18], a en principe suivi cette conception, et que cette conception s'est notamment matérialisée dans **la diffusion de la société anonyme**, institutionnalisation et formalisation de la non-solidarité, comme forme la plus importante d'entreprise.

Premières apparitions

La société correspondant à la définition de la société anonyme n'existait sous ses premières apparitions qu'en lien avec l'octroi d'un privilège spécial, essentiellement pour des compagnies à charte – dont l'activité, risquée pour ses promoteurs, servait l'expansion commerciale et donc, dans une approche mercantiliste, l'intérêt de l'Etat : c'était le cas des sociétés de colonisation, d'abord anglaises (soit la *Company of Merchant Adventurers to New Lands* fondée en

---

[17] L'essence du système est déjà exposée dans le *Manifeste du parti communiste* paru le 21 février 1848 ; le corpus doctrinal paraîtra dans le premier volume du *Capital* en 1867 (les deux volumes suivants seront achevés à partir d'esquisses de Marx et publiés par ENGELS en 1885 et 1894). Quant à la doctrine de PROUDHON (infra n. 35), elle est très critique de la pensée d'Adam Smith (loc. cit., par. 2 : « *L'*offre *et la* demande, *répond imperturbablement l'économiste de l'école anglaise, le disciple d'A. Smith, Ricardo et Malthus. N'est-ce pas impatientant de bêtise ?* »).

[18] On peut se référer utilement aux séries de l'anthropologue Ian MORRIS, *The Measure of Civilization – How Social Development Decides the Fate of Nations* (2013), qui servent de matrice chiffrée à son ouvrage majeur de 2010 *Why the West Rules – For Now*. Encore en 1875, malgré le développement industriel de la France, de l'Allemagne, de la Belgique, des Pays-Bas et des Etats-Unis, la production industrielle de la Grande-Bretagne représente 23% du total mondial (dont 36% pour l'acier), pour à peine 2% de la population du globe ; la domination financière et commerciale est encore plus nette.

1551 par 250 actionnaires, devenue la *Muscovy Company* en 1555, ou bien sûr la *British East India Company*, en 1600), puis notamment, dès 1602, de l'illustre société hollandaise des Indes orientales (*Vereenigde Oost-Indische Compagnie*, VOC), dont les titres étaient librement cessibles et négociables en bourse (sur six places différentes)[19]. Cette forme de société a été utilisée en France dès 1629 en tout cas[20].

La société anonyme française du Code de commerce de 1807, qui supposait encore un agrément pour être enregistrée, requérait d'une certaine façon que l'on présentât un projet d'entreprise ayant une certaine utilité : la responsabilité limitée de l'actionnaire (art. 33 du Code de commerce[21]), soit l'une des expressions de la pleine absence de solidarité, était contrebalancée par une vérification par l'Etat de l'utilité possible de l'activité sociale[22]. Mais, dès

Expansion au cours du XIXe

---

[19] Sur ces sociétés, cf. Nicolas ROUILLER, *International Business* Law (2015), p. 324 ss (n. 615 ss ; voir aussi p. 90, n. 106).

[20] Certaines études font remonter la forme au XIIe siècle (cf. Germain SICARD, *Aux origines des sociétés anonymes : Les Moulins de Toulouse au Moyen Age* [1953]; voir aussi GOETZMAN/POUGET, *A Shareholder Lawsuit in Fourteenth-Century Toulouse*, in : Origins of Shareholder Advocacy (Koppell, 2011), p. 216 ss).

[21] « *Les associés ne sont passibles que de la perte de leur intérêt dans la société* ».

[22] Article 37 du Code de commerce de 1807 : « *La société anonyme ne peut exister qu'avec l'autorisation du gouvernement, et avec son approbation pour l'acte qui la constitue* » (cette exigence est demeurée en vigueur jusqu'en 1867). Comme on le voit dans l'édition par Jean François FOURNEL de 1807 (p. 29-30), le *Discours préliminaire* of 1802 insistait sur cette autorisation étatique (« *C'est à l'administration publique qu'il appartient de juger les avantages et les dangers de ces sortes d'association ; elle est plus à portée d'en calculer les effets* » ; dans le même sens, le rapporteur ST-JEAN D'ANGELY : « *l'intervention du gouvernement était nécessaire pour vérifier d'avance sur quelles*

1811 en tout cas, certains pays l'ont admis sans ce type de condition ou d'agrément, et la résistance a sauté : créer une société anonyme est devenu un droit aisément accessible. Certains soutiennent que cela a été l'un des facteurs cruciaux de l'accélération du développement industriel notamment aux Etats-Unis et en Europe[23]. Paradoxalement, c'est en Grande-Bretagne que la résistance à l'avènement de la société anonyme dans sa plénitude (responsabilité limitée, cessibilité des parts) a été la plus durable ; le fameux Comte Grey luttait au parlement encore en 1854, car il trouvait que l'absence de responsabilité solidaire des actionnaires était choquante[24]. Mais, comme la guerre de Crimée faisait rage, le parlement a été convaincu qu'il fallait « libérer l'économie » pour qu'elle déploie son plein potentiel et donc accepter la plénitude de la société anonyme sans responsabilité des actionnaires aux parts aisément cessibles.

Après plus d'un demi-siècle de *laisser faire* dont les acteurs désormais les plus importants étaient des sociétés anonymes, le juriste et économiste Leroy-Beaulieu parlait avec un impressionnant enthousiasme de cette forme de société en 1869 :

---

bases on voulait faire reposer les opérations de la société, et quelles pouvaient en être les conséquences »).

[23] *The Economist* (dont les articles ne sont pas signés), *The key to industrial capitalism: limited liability*, 23.12.1999.

[24] Comte GREY: « *[the Bill] proposes to depart from the old-established maxim that all the partners are individually liable for the whole of the debts of the concern* ». La loi – *Limited Liability Act* – n'en fut pas moins adoptee en 1855, notamment en suivant l'argumentation du Comte GRANVILLE : « *a time of war is the very time which you ought to free commerce from restrictions* ». Le *Company Act* de 1862 reprend le principe.

« *Entre toutes les formes que l'association peut revêtir, il n'en est pas qui ait autant remué le monde que celle des sociétés anonymes, où la responsabilité de chaque associé est restreinte au montant de sa mise. Ce n'est pas à des circonstances fortuites, à un pur engouement qu'est due la faveur dont les sociétés anonymes jouissent de nos jours chez tous les peuples civilisés. L'universalité même du phénomène est la preuve qu'il a de profondes racines dans l'état de nos mœurs, de nos idées et de nos besoins. [...] N'est-ce pas <u>la combinaison où se rencontre l'alternative d'un gain illimité et d'une perte réduite</u> ? Dans un temps où l'esprit d'aventure a perdu en intensité et gagné en étendue, où il n'est presque aucun homme qui ne veuille faire dans sa vie une part au hasard et presque aucun qui consente à s'abandonner tout entier à lui, la conception la plus séduisante est celle qui mêle dans les proportions les plus ingénieuses l'élément aléatoire avec la sécurité du placement. <u>Telles sont les raisons qui font de la société anonyme l'instrument le plus usuel de notre temps, le ressort principal de nos progrès et l'agent le plus efficace de notre civilisation</u>* »[25].

---

[25] Paul LEROY-BEAULIEU, *Les Sociétés anonymes en Angleterre et en Italie*, Revue des Deux Mondes 1869, p. 730 s. Sa pensée reste une référence y compris pour les voix critiques du libéralisme (cf. p.ex. Thomas PIKETTY, *Le capital au XXIe siècle*, 2013, p. 61 : « *de nombreux observateurs continuent de s'imaginer, à l'image de Leroy- Beaulieu il y a un peu plus d'un siècle, qu'il suffit de mettre en place des droits de propriété toujours mieux garantis, des marchés toujours plus libres, et une concurrence toujours plus 'pure et parfaite', pour aboutir à une société juste, prospère et harmonieuse. La tâche est malheureusement plus complexe* »).

Les remarques de ce juriste français expriment une réalité qui forge la réalité européenne et nord-américaine : en tout cas en Allemagne, en Suisse et aux Etats-Unis, des sociétés anonymes littéralement géantes se forment et deviennent des moteurs économiques dont la puissance paraît relever du prodige (le revenu annuel de certaines dépassant le produit économique annuel de pays de taille moyenne). Force est de constater qu'une énergie implacable se dégage de cette combinaison de droits et d'obligations[26] : le *devoir* des administrateurs à engendrer du bénéfice afin de servir des dividendes aux actionnaires[27], lesquels sont pourtant à l'abri de toute responsabilité – et donc prêts à tolérer un risque accru par rapport aux formes classiques d'entreprise.

---

[26] Pour ce type de remarques, cf. p.ex. KRAAKMAN ET AL., *The Anatomy of Corporate Law* (3ᵉ éd., 2017), chap. 1, spéc. p. 2 (« *it is the form chosen by most large-scale enterprises – [...] in our view, this is because its particular characteristics make it uniquely effective at minimizing coordination costs* ») et 12.

[27] Dans les travaux législatifs relatifs à l'élaboration du nouveau droit de la société anonyme, le gouvernement défendra l'idée qu'il est opportun que le conseil d'administration constitue des réserves latentes pour servir chaque année un dividende régulier afin de ne pas troubler la quiétude des actionnaires ; la légitimité de ce but a trouvé son expression dans la loi de 1936 à 2012 (art. 669 al. 3 aCO : « *Des réserves latentes supplémentaires sont admissibles dans la mesure où elles sont justifiées pour assurer d'une manière durable la prospérité de l'entreprise ou la répartition d'un dividende aussi constant que possible compte tenu des intérêts des actionnaires* »). Le gouvernement relève dans son rapport accompagnant le projet de loi que cela sert aussi la durabilité et l'intérêt public (Feuille fédérale 1928 I 267 s. : « *Et ceci est dans l'intérêt non seulement des actionnaires, mais de la collectivité en général. Les variations de cours occasionnées par la spéculation ne sont pas des phénomènes heureux. Il est hautement désirable que le développement de l'entreprise soit régulier, et seules les réserves latentes peuvent assurer cette régularité* »).

Quelques repères relatifs à l'apparition de la société anonyme (propriété par actions, responsabilité limitée de l'actionnaire)

XIIe s.	Société des moulins de Bazacle (« Moulins de Toulouse »)
1551-1600	Compagnies à charte (privilège spécial) : *Company of Merchant Adventurers to New Lands* (1551, 250 actionnaires ; transformée en *Muscovy Company* en 1555) *British East India Company* (1600)
1602	*Vereenigde Oostindische Compagnie* (« VOC » Compagnie néerlandaise des Indes orientales)
1807	France et Empire français (p.ex. Belgique), forme légale, sous réserve d'autorisation de l'Etat[28]
1811	Etat de New York, pour les activités manufacturières
1837	Etat du Connecticut (sans restriction quant au domaine d'activité - « *any lawful business* »)
1843	Prusse
1855-1862	Grande-Bretagne: *Limited Liability Act 1855* [29], *Companies Act 1862.*
1867	France : suppression de l'art. 37 du Code de commerce (« *La société anonyme ne peut exister qu'avec l'autorisation du gouvernement, et avec son approbation pour l'acte qui la constitue* »)
1873	Belgique – libéralisation des sociétés anonymes et création des sociétés coopératives

---

[28] Cf. en particulier *supra* le Discours préliminaire de 1802 cité in n. 22.

[29] Cf. en particulier *supra* n. 24 les débats parlementaires, dont les interventions de Grey et Granville.

*Vue d'ensemble
des approches
critiques*

La critique sociale du capitalisme est forte, mais jusqu'en 1914, le modèle dominant n'est pas affaibli. Et il est certain qu'il n'y a pas une forme juridique qui s'impose comme l'alternative à l'entreprise pure de capitaux, laquelle au contraire tend à remplacer les entreprises familiales dès qu'une certaine taille est atteinte[30].

Pendant le XIXe siècle et jusqu'en 1914, on observe bien sûr des coopératives ou des mutuelles, dans un idéal ou un but précis de solidarité ou d'économie solidaire, mais la mesure du phénomène montre qu'il s'agit en bonne partie d'un mouvement puissant *philosophiquement*, avec des utopies très précises dès la première moitié du XIXe siècle, mais un nombre de réalisations limité.

*Grande-
Bretagne ;
initiatives
patronales et
coopératives*

Un bref aperçu l'illustre. En Grande-Bretagne, on rattache souvent le début du mouvement coopératif à l'entrepreneur et pédagogue Robert Owen. Il géra d'abord – d'environ 1800 à 1823 – la filature New Lanark (d'environ 2000 employés), dont la famille de sa femme était la principale propriétaire, en appliquant des règles sociales particulièrement respectueuses des conditions de vie des ouvriers à l'aune des standards de l'époque (il proclamait le slogan « 8 heures de travail, 8 heures de loisirs, 8 heures de sommeil », qui apparaissait alors pour d'autres comme un but utopique très éloignés des nécessités de l'industrie). Les résultats tant sur le plan de la santé des ouvriers (notamment des enfants) que sur celui du succès commercial attiraient l'attention, et de grandes personnalités s'associèrent à lui (dont le philosophe utilitariste Jeremy Bentham et le quaker

---

[30] Pour le phénomène en Suisse, on peut se référer aux études notamment de Martin LÜPOLD, *Der Ausbau der "Festung Schweiz"* (2008), p. 87 ss.

William Allen). Mais on peut ne voir dans cette gestion qu'un paternalisme particulièrement bienveillant. La structure de la propriété et le pouvoir de gestion demeuraient dans les mêmes mains. Sa réflexion le conduisit à proposer la constitution de « *villages of co-operation* », qui réuniraient chacun de 500 à 3000 personnes et seraient capables de former une nouvelle forme de société. Deux tentatives de les réaliser eurent lieu en 1825 (par un élève d'Owen, en Grande-Bretagne) et 1826 (par Owen lui-même, aux Etats-Unis, dans l'Indiana, sous le nom « New Harmony »). Ces deux expérimentations furent abandonnées après deux ans. Deux autres tentatives eurent lieu en Irlande et en Grande-Bretagne en 1831 mais furent également abandonnées après quelques années. Toutefois, l'idée du mouvement coopératif avait pris racine. Des projets coopératifs aux objectifs bien plus circonscrits que les « *villages of co-operation* » réussirent, notamment celui initié par les tisserands d'une ville proche de Manchester (Rochdale). Ayant échoué à obtenir des hausses de salaires, ces tisserands observèrent que leur niveau de vie était aussi affecté par le niveau des prix des biens de consommation (en premier lieu la nourriture) et qu'il apparaissait possible de mettre sur pied une acquisition en commun de tels biens, évitant les marges des intermédiaires et la part du profit capitalistique. Ils créèrent en 1844 un magasin coopératif (*Rochdale Society of Equitable Pioneers*), offrant des produits à bas prix. On peut désigner cette entreprise comme étant une *coopérative de consommation*. La coopérative comptait une quarantaine de souscripteurs en 1844, près de 400 membres cinq ans plus tard et 10'000 vers 1880. Cette coopérative élargit progressivement son champ d'activités en fondant une *coopérative d'habitation* vers 1860 puis acquérant une usine textile (ce qui permit de créer une entreprise « intégrée », réunissant, pour les produits textiles, la production et la vente au sein de la coopérative)[31]. Vu dans une perspective large, les coopératives de consommation se sont durablement établies dans le monde économique britannique : au début du XXe siècle, on comptait un million de membres de telles coopératives. Les *coopératives de production* n'ont pas connu un tel développement.

France :
- Fourier
(«phalanstères») En France, sur le plan philosophique, Charles Fourier[32] marquera les esprits en publiant – notamment – la « *Théorie des quatre mouvements et des destinées générales* » (1808) puis « *de l'Association domestique et agricole* » (1821-1822, résumé dans *Le Nouveau Monde industriel et sociétaire* en 1829) et en proposant le concept de « *phalanstères* » (1832[33]), à savoir un ensemble de bâtiments permettant la vie communautaire d'environ 1500 personnes associées librement. La pensée de Fourier est riche, constituée d'une part d'une critique radicale et acerbe de la domination, du commerce et de l'industrie, et d'autre part de son analyse très détaillée des caractères humains comme de propositions minutieuses (les phalanstères sont décrits, pour ainsi dire, au mètre près). Un essai est effectué en 1833, un député ayant offert 500 hectares pour créer une telle communauté, et 1100

---

[31] L'Histoire des *Equitables pionniers de Rochdale* a été traduite en français en 1890 par Marie MORET dans la revue *Le Devoir* du Familistère de Guise (cf. *infra* ad n. 38 ; cf. pour une publication récente, George-Jacob HOLYOAKE, *Histoire des équitables pionniers de Rochdale*, 2017). Voir aussi Pascal GLÉMAIN, *L'Economie sociale et solidaire – De ses fondements à son « à venir »*, 2019, p. 8.

[32] Il est parfois considéré comme le dernier des *physiocrates* (cf. *supra* n. 11).

[33] *Le Phalanstère* est le titre du journal que des disciples de sa pensée feront paraître de 1832 à 1834.

personnes y participeront ; mais les lieux seront abandonnés en 1834. Un autre essai aura lieu en 1841, mais sera abandonné en 1846. Des tentatives auront aussi lieu sur le continent américain dès 1840[34] mais on ne rapporte pas de succès durable du modèle des phalanstères.

Néanmoins, la critique approfondie par Fourier des mécanismes de marché et de la structure des entreprises (notamment la critique radicale de la domination) restera présente dans les esprits. En particulier, en 1839, Louis Blanc fondera la *Revue du progrès* et publiera *l'Organisation du travail*. Il voit la concurrence entre entreprises comme une cause de ruine pour beaucoup d'entrepreneurs, qui conduit finalement au monopole (ce qui nuit à la collectivité) ; celle entre travailleurs conduit à l'appauvrissement[35]. Il préconise, notamment dans la grande industrie et les chemins de fer, la création d'associations à but lucratif – les *ateliers sociaux* –, contrôlées à leur lancement (soit pendant un an) par l'Etat ; une fois franchie cette étape, on peut les décrire comme des coopératives de production. Les cadres sont élus par les travailleurs. Par

- Blanc (ateliers sociaux)

---

[34] Cf. infra n. 38.

[35] Il est clair que le diagnostic de Louis BLANC est assez proche de celui de Pierre-Joseph PROUDHON (cf. p.ex. *Système des contradictions économiques ou Philosophie de la misère*, 1846), mais les solutions que celui-ci préconise, relevant de l'anarchisme – aussi sous la forme du *mutuellisme* (*De la Capacité politique des classes ouvrières*, 1865, chap. VII [dont le titre est « *Loi économique de l'offre et de la demande – correction par le principe de mutualité* », ch. 1, par. 1 *in fine* : « *L'égalité des personnes est la première condition du nivellement des fortunes, laquelle ne résultera que de la mutualité, c'est-à-dire de la liberté même* ») –, sont censées advenir plus spontanément que dans la doctrine de Louis Blanc.

ailleurs, le crédit doit être nationalisé (dispensé par une banque publique) et une assurance d'Etat doit être créée.

- IIᵉ République L'idée d'expérimenter des formes alternatives aux entreprises de production capitalistes sera notamment mise en œuvre, dans l'urgence, par la IIᵉ République en 1848, par la création – alors que Louis Blanc vient de devenir membre du gouvernement provisoire – des Ateliers Nationaux, qui existeront du 27 février au 21 juin 1848. Plutôt qu'une entreprise à but lucratif, il s'agit d'un moyen d'occuper les chômeurs devenus nombreux, alors que le *droit au travail* vient d'être reconnu. Malgré leur proximité lexicale avec les ateliers sociaux, ils s'en distinguent donc nettement.

Idéologies économiques ; réalisations concrètes Sur le plan de la philosophie politique et économique, le communisme (ou marxisme) s'impose comme la proposition radicale d'un modèle alternatif au mode de production capitaliste ; l'avènement de ce modèle présuppose une révolution. De son côté, l'idée coopérative parvient à se concrétiser dans le cadre juridique existant par les mutuelles d'assurances (des caisses-maladie ou de chômage), dès 1850, ainsi que par des banques coopératives, dès 1860. On peut observer qu'en Allemagne, les *coopératives de crédit* Raiffeisen se développent dès 1846 (le concept sera notamment repris en Suisse en 1899 et y connaîtra une propagation rapide).

Pendant cette période, les coopératives *de production* ne connaissent pas un envol similaire. La pensée coopérative devient cependant moins utopiste. Son positionnement la place d'ailleurs comme une voie médiane entre le libéralisme économique et les thèses communistes. Un courant de pensée organisé, connu comme l'Ecole de Nîmes, la met particulièrement en exergue ; l'un de ses représentants éminents, Charles Gide, écrit ainsi dans son *Rapport général sur l'économie sociale*, en 1889 : « *Entre notre socialisme coopératif et le socialisme collectiviste, même le plus sympathique, il restera toujours cette différence essentielle que le premier est facultatif et volontaire tandis que le second est coercitif* »[36].

---

[36] Sans entrer dans le détail de la pensée originale de Hilaire BELLOC, on citera aussi son œuvre – étonnamment prémonitoire voire prophétique au regard de l'évolution observée dans la future Union soviétique – *The Servile State* (1912), p. 105 : « *not a* Distributive *but a* Collectivist *solution is the easiest for a Capitalist State to aim at, and that yet, in the very act of attempting Collectivism, what results is not Collectivism at all, but the servitude of the many, and the confirmation n their present privilege of the few; that is, the Servile State* »; p. 116: « *It is becoming increasingly certain that the attempted transformation of Capitalism into Collectivism is resulting not in Collectivism at all, but in some third thing which the Collectivist never dreamt of, or the Capitalist either; and that third thing is the SERVILE State; a State, that is, in which the mass of men shall be constrained* by law *to labour to the profit of a minority, but, as the price of such constraint, shall enjoy a security which the old Capitalism did not give them* ».

Quelques repères chronologiques sur les coopératives

1795-1832	Robert Owen : «New Lanark» (env. 1795-1823); «*villages of co-operation*» (1825, «500 à 3000 personnes»), «New Harmony» (1832)
1808-1832	Charles Fourier : « *Théorie des quatre mouvements et des destinées générales* » (1808) « *De l'Association domestique et agricole* » (1821-1822) « *phalanstères* » (1832)
1839	Louis Blanc : « *Revue du progrès* » et « *l'Organisation du travail* »
1844	*Rochdale Society of Equitable Pioneers*
1846	Pierre-Joseph Proudhon : « *Système des contradictions économiques ou Philosophie de la misère* »
1848	Ateliers sociaux, ateliers nationaux
1850	« Sociétés de secours mutuel » (assurance maladie, retraites)
1860	Banques coopératives
1856-1968	« Familistère de Guise » (1858-1968), fondé par Jean-Baptiste Godin (dès 1880, « Société du Familistère », coopérative de production, jusqu'en 1968) « La Réunion» (Texas, 1856-1857)
1864	Abolition de l'interdiction « des coalitions » (abol. de la Loi Le Chapelier 1884)
1885	Ecole de Nîmes
1900	Coopératives de production en France : env. 250 en 1900 (20'000 salariés, à comparer avec env. 6'000'000 emplois dans l'industrie en 1900)

Du point de vue du vocabulaire, on remarquera que le *Doctrines solidaristes* concept de solidarité devient central. Presqu'absent jusqu'en 1890, il s'impose dès la décennie suivante dans le titre de nombreux ouvrages économiques, souvent sous sa variante « solidarisme » ou l'adjectif « solidariste »[37]. On relèvera que Charles Gide, dans son *Histoire des doctrines économiques depuis les physiocrates jusqu'à nos jours* (1909), voit dans le concept de solidarité un principe indispensable à la vie sociale, qui se lit d'ailleurs même dans les fondements premiers de la biologie : « *La solidarité est un fait d'une importance capitale dans les sciences naturelles, puisqu'elle caractérise la vie. Si l'on cherche, en effet, à définir l'être vivant, l'individu, on ne saurait le faire que par la solidarité des fonctions qui lient les parties distinctes, et la mort n'est pas autre chose que la rupture de ce lien entre les divers éléments qui constituent l'individu, et qui désormais désassociés, vont entrer dans des combinaisons nouvelles, dans des êtres nouveaux... ».* L'idée de coopérativité et de solidarité va prospérer intellectuellement ; parmi les auteurs les plus illustres, on se bornera à citer Léon Bourgeois, David Durkheim et Charles Rist.

---

[37] H. VICTOR, *Solidarisme, parti solidariste évolutionnaire*, Paris, 1895 ; C. I. DESSAUX, *Civilisation universelle -Doctrine du solidarisme*, Paris, 1896 ; H. L. FOLLIN, *Le Solidarisme, la science économique et les doctrines sociales*, Paris, 1897 ; E. GOUNELLE, *Le Christianisme social - Nos principes religieux, essai de dogmatique solidariste*, Paris, 1902 ; A. MAZEL, *Le Solidarisme : étude philosophique*, Nîmes, 1906 ; G. GOYAU, *Solidarisme et christianisme*, Reims, 1906 ; L. DEUVE, *Études sur le solidarisme et ses applications économiques*, Paris, 1906 ; A. SAUZÈDE, *Dette sociale et sacrifice : étude de solidarisme chrétien*, Montauban, 1904 ; G. KURNATOVSKI, *Esquisse d'évolution solidariste*, Paris, 1907 ; G. GAVET, *Solidarisme et quasi-contrat social*, Nancy, 1908.

Cela étant, sur le plan pratique, les coopératives de production restent un phénomène limité. En 1900, on en compte environ 250, avec 20'000 salariés, ce qu'il convient de mettre en rapport avec environ 6 millions d'emploi dans le secteur industriel conduit par les entreprises capitalistes. Les coopératives de production demeurent ainsi quantitativement marginales. Le nombre d'emploi industriels des coopératives correspond, selon ces chiffres, à moins d'un demi-pourcent. Il faut cependant relever que certains exemples montrent que le modèle peut fonctionner sur la durée : ainsi, le « *Familistère de Guise* » fondé en 1858 par Jean-Baptiste Godin[38] (dès 1880 la « *Société du Familistère* ») est une coopérative de production qui durera plus de 100 ans (jusqu'en 1968).

Dans l'ensemble, malgré l'importance des coopératives dans le monde des idées, leur rôle économique concret n'apparaît pas très considérable par rapport à la marche des sociétés de capitaux qui croissent en force de par l'accumulation massive de capital dans un contexte de progrès technique et d'accroissement de l'économie. La solidarité se manifeste parfois par le paternalisme des entreprises ou de leurs propriétaires[39], qui ne crée cependant

---

[38] Jean-Baptiste Godin avait participé à un essai de phalanstère au Texas en 1855 (« La Réunion), qui avait échoué (cf. supra ad note 34).

[39] Des exemples connus sont, en France, les entreprises des frères Adolphe et Eugène Schneider au Creusot (fonderie, puis équipement ferroviaire et machines) et les pneumatiques Michelin ; en Belgique, le chimiste Solvay ; en Allemagne, où est employé le terme *private betriebliche Sozialpolitik*, l'entreprise sidérurgique Krupp. Pour plus d'exemples, André GUESLIN. *Le paternalisme revisité en Europe occidentale (seconde moitié du XIXᵉ siècle, début du XXᵉ siècle)*, in Genèses 1992, p. 201-211 ; Michel PINÇON, *Un patronat paternel*, in Actes de la recherche en sciences sociales 1985, p. 95-102 ; Gérard NOIRIEL, *Du « patronage » au « paternalisme » : la restructuration des*

aucune nouvelle forme juridique d'entreprise. Durant toute cette période, beaucoup de réformes sont adoptées, notamment les premières assurances sociales. Elles relèvent en bonne partie de ce qu'il faut accomplir pour éviter l'explosion sociale, mais la structure fondamentale de l'économie et les instruments juridiques de l'entreprise restent les mêmes.

La première guerre mondiale entraîne un développement prodigieux de la part prélevée par l'Etat sur l'économie[40], avec de nouveaux impôts comme celui sur le revenu[41], de sorte qu'un changement d'échelle apparaît en ce qui concerne les moyens de l'Etat, qui acquiert la mainmise sur des ressources d'une telle ampleur qu'elle commence à rendre concevable l'Etat providence.

Croissance des prélèvements par l'Etat dès 1914

---

formes de domination de la main-d'œuvre ouvrière dans l'industrie métallurgique française, in Le mouvement social N° 144 (1988), p. 17-36. Ce concept est très différent du paternalisme libertarien de Richard THALER / Cass SUNSTEIN, *Libertarian Paternalism*, in Amercian Economic Review 2003, p. 175-179.

[40] Pour une perspective large, Bertrand DE JOUVENEL, *Du pouvoir*, 1947, notamment p. 199.

[41] Pour la France, l'imminence de la confrontation a permis un vote favorable du parlement au sujet de l'impôt sur le revenu, le 18 juillet 1914. Un tel impôt existait en Grande-Bretagne depuis 1842 et dans l'Empire allemand depuis 1893 (avec un taux progressif allant de 0,6% à 4%). Aux Etats-Unis, un tel impôt avait été brièvement prélevé pendant la Guerre de Sécession en 1862 (au taux de 3%) puis en 1894 (avec un taux de 2%) avant d'être déclaré anticonstitutionnel ; un amendement à la constitution le rendit permanent dès 1919 (avec un taux initialement de 1%). Pour un aperçu, voir p.ex. Philippe NEMO, *Philosophie de l'impôt*, 2017, p. 33, 55 et 69 s. (pour une vision d'écrivain sur l'évolution entre la société d'avant 1914 et celle d'après la première guerre mondiale, on peut se référer à Stefan ZWEIG, *Le monde d'hier* [trad.], p. 43 : « *On se plaignait plus par habitude que par conviction des 'lourds' impôts qui, en fait, si on les compare à ceux de l'après-guerre, ne représentaient qu'une sorte de petit pourboire laissé à l'Etat* »).

Pour leur part, les formes d'entreprises ne sont pas modifiées fondamentalement, ni l'utilisation qui en est faite, même si l'on observe que certaines coopératives deviennent des entreprises gigantesques, comme dans le secteur bancaire français (p.ex. le Crédit Agricole) ou la distribution de détail en Suisse (« Migros » ou « Coop »). Il n'y a cependant pas de nouvelles formes juridiques notables. Les coopératives *de production* demeurent rares hors du domaine agricole. Quant aux sociétés coopératives qui acquièrent une taille gigantesque, comme certaines banques ou des sociétés de distribution, force est d'observer que la pratique s'éloigne d'une véritable mutualisation du crédit respectivement d'une acquisition de produits en commun ; ces grandes sociétés coopératives tendent à devenir des entités dont la direction (ou « l'administration ») est très forte tandis que le sociétariat, très dispersé et convoqué à une assemblée annuelle, n'a pas un grand poids pratique. Une des caractéristiques concrètes est la faible distribution de dividendes et, conséquemment, le réinvestissement d'une part très importante du profit.

En parallèle à l'accroissement de la portion du revenu national revenant à l'Etat de par les prélèvements en Occident, il y a, dans l'immense Russie, le changement radical que l'on sait dès 1917 : les sociétés de capitaux sont purement et simplement supprimées ; suivent les entreprises individuelles, y compris les simples exploitations agricoles, assez rapidement dès 1930. Il ne subsiste que des coopératives agricoles (kolkhozes) et des entreprises d'Etat (les sovkhozes dans l'agriculture et des simples unités de gestion dans l'industrie ou les autres domaines). Un phénomène semblable se produit dans les pays d'Europe centrale et orientale dès après la fin de la 2ᵉ guerre mondiale, puis dans un grand nombre de pays non-occidentaux, comme la Chine continentale dès 1949. Tout est censé être commun ; la question de solidarité ne se pose donc plus.

En Europe occidentale et sur le continent américain, la solidarité est traitée par le fait que l'Etat assume de plus en plus de tâches, notamment sociales, pour combler ce qui n'est pas accompli par les entreprises privées. Le développement de l'Etat providence connaît une impulsion marquante aux Etats-Unis sous la présidence Roosevelt mais la plénitude de ce concept s'impose politiquement en Grande-Bretagne dès 1942 à travers le rapport Beveridge ; il est mis en œuvre de façon fulgurante par le gouvernement de Clement Attlee dès 1945. On peut dire que les autres pays d'Europe occidentale suivent de près, en fonction de leurs moyens. La solidarité est ainsi mise en œuvre par l'Etat ; les besoins sociaux, en tant qu'ils ne sont pas satisfaits par le secteur privé, sont traités par la main publique. C'est un phénomène de très grande ampleur[42]. On n'observe – et ceci est cohérent – *guère de développement spectaculaire des entreprises à vocation solidaire ou d'économie solidaire.* Le droit allemand fait exception en ceci que, depuis 1951 puis de façon encore plus marquée en 1976, la *cogestion* des grandes entreprises par les salariés est mise en place à un niveau très élevé, en ceci que, dans les grandes entreprises, la moitié des membres de l'organe supérieur de la société anonyme, le conseil de surveillance, doivent être des représentants des salariés (sauf la présidence qui revient aux représentants des actionnaires)[43]. En France, l'idée d'un

Etat providence et tendances vers son renforcement

---

[42] Pour une quantification, cf. notamment Thomas PIKETTY, *Le capital au 21ᵉ siècle* (2013), p. 420 ss.

[43] La règle figure dans les différentes lois sur la participation (*Mitbestimmung*) de 1951 (en vertu de laquelle les représentants des

système semblable circulait, ce qui se remarque par exemple au fait que le général de Gaulle en pleine « crise de mai 1968 » avait mentionné explicitement la question de la participation dans un discours programmatique de sortie de crise du 24 mai 1968 : *« On y voit tous les signes qui démontrent la nécessité d'une mutation de notre société. Mutation qui doit comporter la <u>participation plus effective de chacun à la marche et au résultat de l'activité qui le concerne directement</u> »*. Mais dans l'ensemble, on peut affirmer que la tendance qui s'impose est clairement celle d'une société qui est solidaire par le moyen <u>d'un rôle sans cesse accru</u> *de l'Etat*.

D'ailleurs, à cette époque, le modèle libéral faisait face à un discrédit non seulement sur le plan économique, sous l'angle duquel il semblait à bout de souffle et englué dans des crises – à titre d'exemple, les actes des rencontres du premier sommet du « G7 » à Rambouillet permettent de mesurer l'état d'esprit au plus haut niveau[44] –, mais aussi sur le plan politique : le libéralisme est souvent « donné perdant » dans sa confrontation au modèle dirigiste (politiquement et sous la forme de l'économie planifiée[45]).

Un sénateur américain affirmait en 1975 que le libéralisme (la démocratie libérale) était *« une forme dépassée de gouvernement, un vestige qui persiste dans des endroits*

---

salariés devaient constituer un tiers du conseil de surveillance), de 1965 et de 1976 (des modifications ultérieures ont eu lieu).

[44] Ces documents de la diplomatie *non publique* ont notamment été rendus accessibles par Wikileaks.

[45] On peut observer que même les Etats-Unis d'Amérique, en 1961, promouvaient, dans le cadre de leurs propositions aux pays d'Amérique latine sous l'égide de l'initiative *Alliance for Progress*, des solutions relevant du planisme économique (cf. p.ex. Carroll QUIGLEY, Tragedy & Hope, 1965, p. 1130 ss).

isolés ici ou là, et peut avoir de l'utilité pour des circonstances particulières, mais qui n'a simplement plus de pertinence pour le futur. C'est ce que le monde était, non où il va »[46]. Pour lui, comme pour le stratège de l'Etat profond américain Kissinger[47], le monde se dirigeait tout entier et à vive allure vers le dirigisme et le collectivisme (qui traitent la question de la solidarité différemment qu'une société où les moyens de production et de financement restent, ne serait-ce qu'en partie, en mains privées).

A cette époque, pour autant qu'on y eût pensé à l'occasion en parlant de l'histoire des idées, il ne serait pas exagéré de dire, dans un langage familier, que l'on ne donnait généralement pas cher de la peau de la main invisible ; presque plus personne n'aurait misé un dollar ou un rouble, voire un cent ou kopek, sur sa résurgence – pourtant, la main invisible a la peau dure ou le cuir épais ; et elle bougeait encore. Même avant la fin de la guerre, dès en tout cas 1944, Friedrich von Hayek critiquait le *planisme*, disant que les démocraties étatisantes sur le plan économique ne feraient pas non plus mieux en termes de liberté que le stalinisme ou le nazisme. La restriction à la liberté économique entraînerait celle des autres libertés. C'est là l'un des messages centraux de son ouvrage *La route de la servitude*[48].

Tendances idéologiques inverses

---

[46] «*Liberal democracy [...] increasingly tends to the condition of monarchy in the 19th century ; a holdover form of government, one which persists in isolated or particular places here and there, and may even serve well enough for special circumstance, but which has simply no relevance to the future. It is where the world was, not where it is going*»; P. MOYNIHAN, *The American Experiment*, in: *The Public Interest*, 1975.

[47] On peut notamment se référer aux *Mémoires (Cinquante ans de réflexion politique)* de Raymond ARON (1983), p. 592 ss.

[48] Friedrich VON HAYEK, *La route de la servitude* (1944, trad. 1946), chap. I, III, V-VIII et XV.

Puis – en résumant –, une série d'économistes influents que l'on regroupe sous le terme d'Ecole de Chicago [49] ont construit et propagé un courant de pensée semblable préconisant résolument un grand recul de l'intervention étatique et un modèle de société où les entreprises et les actionnaires ne sont pas entravés par une charge fiscale lourde ou par de pesantes règlementations. A l'épreuve des élections, cette vision a été sévèrement battue en 1964, alors que le président sortant Johnson promouvait la *Grande société*, porteuse d'une solidarité nettement accrue, où les besoins sociaux sont substantiellement traités par l'Etat[50], tandis que le candidat républicain Goldwater luttait *philosophiquement* contre le poids de l'Etat – employant la formule selon laquelle « un gouvernement assez grand pour vous donner tout ce que vous voulez est assez grand pour vous prendre tout ce que vous avez » (« *A government big enough to give you everything you want, is a government big enough to take away everything that you have* »[51]).

La netteté de la défaite politique a, chez les personnes qui partageaient l'approche de M. Goldwater, donné lieu à la conviction qu'il fallait « *gagner la bataille des idées* ». Conséquemment, cette période verra naître une *myriade* de fondations (dont des « *think tanks* ») qui publient de la

---

[49] L'une des plus importantes figures de cette école est Milton FRIEDMAN, cité *infra* ad n. 53.

[50] Cf. p.ex. Carroll QUIGLEY, *Tragedy & Hope*, 1965, p. 1246 (« *the real issue was the control of the Federal government's tremendous power to influence the future of America by spending of government funds* »).

[51] Goldwater, dont il était reconnu qu'il avait une vaste culture, attribuait apparemment à Jefferson cette phrase, alors que la pensée de celui-ci qui s'en rapproche est plutôt : « *The natural progress of things is for liberty to yield, and government to gain ground* » lettre de Jefferson à Edward Carrington du 27 mai 1788.

pensée économique et juridique, allant dans le sens d'une réduction du rôle de l'Etat et de la fin ou de la limitation de l'Etat providence.

Ainsi, dans un article (paru dans le New York Times en 1970) qui paraissait alors encore détonnant voire déplacé[52], Milton FRIEDMAN (qui recevra le prix Nobel d'économie en 1976) combattait avec virulence l'idée d'une « responsabilité sociale de l'entreprise ». Disant reconnaître que l'opinion était dominée par des « forces intellectuelles » qui « sapaient le fondement des sociétés libres depuis des décennies » (« *intellectual forces that have been undermining the basis of a free society these last decades* »)[53], il concluait que « [dans une société libre] une entreprise a une seule responsabilité sociale, à savoir utiliser ses ressources et orienter ses activités dans le but d'accroître ses profits aussi longtemps que cela reste compatible avec les « règles du jeu », c'est-à-dire s'engage dans une concurrence ouverte et libre, sans tromperie » (« *[in a free society] there is one and only one social responsibility of business—to use its resources and engage in activities designed to increase its profits so long as it stays within the*

---

[52] On peut notamment comparer l'orientation de cet article au résumé de l'état de l'esprit de l'époque fait par Carroll QUIGLEY, *Tragedy & Hope*, 1965, p. 1268 (cité *supra* in n. 7).

[53] Pour un panorama – idéologiquement marqué – de cette « domination », cf. p.ex. le philosophe anglais Roger SCRUTON, *L'erreur et l'orgueil* (2019, trad.), p. 201. Voir ég. Raymond ARON, *Mémoires*, 1983 (y compris les références à son ouvrage de 1955 *L'opium des intellectuels*). On notera qu'une domination exactement inverse, en matière d'enseignement de l'économie, est affirmée par les économistes français Maurice ALLAIS (cf. p.ex. *La Mondialisation, la destruction des emplois et de la croissance*, 2007 et *L'Europe en crise - Que faire ?*, 2005) et Thomas PIKETTY (*Le capital au XXIe siècle*, 2013, p. 62 s.). Voir aussi *infra* ad n. 61.

rules of the game, which is to say, engages in open and free competition without deception fraud »)[54].

Tournants politiques

En une quinzaine d'années, les vues politiquement et économiquement conservatrices ou non-interventionnistes, opposées à l'Etat providence, qui avaient été nettement battues en 1964, se sont imposées électoralement en 1979 en Grande-Bretagne [55] et en 1980 aux Etats-Unis ; et cela durablement, puisque ses promoteurs ont été constamment réélus pendant une douzaine d'années. Ce courant détenant le pouvoir politique, il a pu partiellement mettre en œuvre la doctrine selon laquelle l'économie devait être libérée : en substance, cela se manifestait en ceci que les réglementations devaient être réduites, notamment celles applicables aux marchés financiers, et c'est un fait que ceux-ci ont été alors sensiblement « dérégulés » ; d'autre part, la doctrine portait sur la nécessité que l'Etat providence diminue de taille, et cela a pu concrètement se traduire par des restrictions ou des réductions de certains programmes sociaux (pas forcément un démantèlement, mais p.ex. l'introduction d'une conditionnalité à des prestations de l'Etat là où elle n'existait pas, avec l'effet concret d'une absence de prestations lorsqu'il n'est pas démontré que les conditions sont remplies).

---

[54] Milton FRIEDMAN, *A Friedman doctrine -- The Social Responsibility Of Business Is to Increase Its Profits*, New York Times 13.9.1970, p. 17. Le corpus de la doctrine, auquel l'article se réfère, figure dans le livre *Capitalism and Freedom* de 1962.

[55] On peut résumer la vision non solidariste du premier ministre britannique Margaret Thatcher par la formule ramassée « *There is no society* » (en français : « *la société, ça n'existe pas* », selon Christophe GUILLY, *No Society – La fin de la classe moyenne occidentale*, 2018, p. 8), donnée dans un entretien accordé au magazine *Woman's Own* du 31.10.1987.

En ce qui concerne la France, on sait que dès 1983, le programme commun des partis socialiste et communiste qui avait notamment consisté à nationaliser les banques (sauf les coopératives) et des grandes entreprises industrielles stratégiques en 1981-82 a été abandonné ; puis, dès 1986, l'évolution a donné lieu à un retour au secteur privé des entreprises nationalisées et à une certaine déréglementation notamment des marchés financiers. Cela s'est produit notamment dans une perspective d'intégration européenne (« Acte Unique » de 1986, fixant à fin 1992 l'achèvement du marché intérieur), laquelle a requis la fin de règlementations nationales qui avaient pour effet objectif d'entraver l'accès au marché de chaque Etat membre pour les entreprises des autres Etats membres de la Communauté européenne.

Sur le plan des entreprises, cette période a été concomitante à une sensibilité accrue à ce que la doctrine anglo-saxonne nomme « le problème de l'agence »[56], selon laquelle les dirigeants de grandes sociétés ne tiennent pas suffisamment compte des intérêts des propriétaires (*principals*), à savoir les actionnaires. Concrètement - pour le dire en peu de mots –, cela a développé la notion de *valeur actionnariale*, selon laquelle la tâche des dirigeants était d'accroître la valeur pour les actionnaires, donc augmenter le cours boursier et le

Impact dans la doctrine juridique : - théorie de l'agence et valeur actionnariale

---

[56] Cf. Steven ROSS, *The Economic Theory of Agency: The Principal's Problem*, American Economic Review 1973, p. 134-139 ; JENSEN/MECKLING, *Theory of the firm: Managerial behavior, agency costs and ownership structure*, Journal of Financial Economics 1976 p. 305-360. Pour un bref aperçu en français, ROUILLER / BAUEN / BERNET / LASSERRE ROUILLER, *La société anonyme suisse* (2e éd., 2017). N 679 ss. Pour un vaste aperçu, KRAAKMAN et al., The Anatomy of Corporate Law (3e éd., 2017), chap. 2, p. 29 ss.

service des dividendes[57]. On a assisté à une explosion assez impressionnante – une véritable multiplication[58] –, des rémunérations des dirigeants de grandes entreprises, qui constitue un point critiqué et d'ailleurs fragile sous l'angle de la doctrine de valeur actionnariale[59], tandis que le fait de servir des dividendes importants ou de soigner le cours de l'action s'est inscrit dans un contexte où parmi les plus grands actionnaires figurent notamment les fonds de pension, c'est-à-dire des entités qui détiennent les actifs dont le revenu sert à payer les retraités. Ceux qui défendent la valeur actionnariale peuvent donc invoquer qu'elle est utile à de très larges cercles de population.

Disparition du « modèle alternatif » de l'économie planifiée

Cette victoire du libéralisme économique en Occident s'accompagne de l'écroulement extrêmement rapide de ce que l'on appelait, vu de l'Ouest, le bloc soviétique ou « de l'Est ». Sans qu'on l'ait mesuré à l'époque[60], il semble que

---

[57] On cite souvent comme fondement doctrinal le livre d'Alfred RAPPAPORT, *Creating Shareholder Value: The New Standard for Business Performance*, paru en 1986. L'idée paraît avoir circulé avant (on se réfère fréquemment à une allocution du 12.8.1981 du directeur général de General Electric John WELCH « *Growing fast in a slow-growth economy* » ; une intensification de la doctrine peut être observée notamment in MCTAGGART / MANKINS / KONTE, *The value imperative: managing for superior shareholder returns*, 1994).

[58] Cf. p.ex. Myret ZAKI, *UBS – Les dessous d'un scandale*, 2008, p. 59 ss ; aussi Thomas PIKETTY, *Le capital au XXIe siècle*, 2013, p. 500-504 (pour la notion de « super-cadres ») et 529-534. Pour la Suisse spécifiquement, DAVID / MACH / LÜPOLD / SCHNYDER, *De la "Forteresse des Alpes" à la valeur actionnariale - Histoire de la gouvernance d'entreprise suisse (1880-2010)*, 2015.

[59] Paradoxal sous l'angle du fondement de la théorie de l'agence et paraissant archétypique du « problème de l'agence », mais « justifié » précisément par la progression du cours boursier (si elle a lieu).

[60] Excepté certains observateurs, ainsi Emmanuel TODD, dans *La chute finale*, 1976, examinant les statistiques (y compris en remarquant celles que l'Union soviétique cessait de publier).

les économies planifiées aient été proprement vermoulues, à un point tel que quelques chiquenaudes ont eu raison du géant soviétique, et, apparemment, que les populations des pays d'Europe centrale et orientale n'attendaient qu'un signe de faiblesse dudit géant pour rejoindre la société et l'économie libérales, avec (*a priori*) une préférence pour le modèle anglo-américain.

Concrètement, dès 1990 ou 1991, ce que l'on peut nommer « la nouvelle mouture de la main invisible » est la doctrine dominante à peu près partout en Occident en ce qui concerne l'efficacité économique. L'Etat providence est évidemment très loin d'avoir disparu, mais l'idée s'est établie – la contestation restant faible pendant plus de quinze ans – que la marche libre de l'économie ne doit pas être entravée[61]. Cela a été parfois accompagné de l'idée qu'en partie au moins, les besoins sociaux pouvaient eux aussi être traités par une économie privée non entravée, laquelle allait elle-même apporter des solutions, d'abord en accroissant la prospérité générale grâce à son efficacité qui génère plus de ressources, et ensuite grâce à la créativité et au progrès résultant de l'agitation (par la main invisible) des acteurs économiques.

On peut dire que cette vue est restée dominante, avec *Crise financière de 2008* notamment une concurrence fiscale très vive entre Etats et

---

[61] Outre les citations in n. 53, voir Maurice ALLAIS, Discours à l'UNESCO du 10.4.1999 et p.ex. David GRAEBER, *Debt – The First 5000 Years*, 3e éd., 2014, p. 376 ss. Voir aussi David GOODHART, *Les Deux Clans, la nouvelle fracture mondiale* (trad.), 2019 ; aussi, Christophe GUILLUY, *No Society – La fin de la classe moyenne occidentale*, 2018. Sur le plan des effets économiques en termes de répartition des revenus du travail au sein de la population et entre les revenus du travail et ceux du travail, Thomas PIKETTY, *Le capital au XXIe siècle*, p. 458 ss.

une attitude *de facto* relativement tolérante à l'égard de l'évasion fiscale jusqu'à la grande crise financière de 2008[62].

- interventions de l'Etat

Cette crise affecte gravement la confiance dans la main invisible, qui perd de sa superbe, car les Etats « sont de retour » en économie en ceci que ce sont eux qui doivent sauver les banques voire certaines entreprises industrielles étranglées financièrement, alors que le secteur privé – par ses grands acteurs (entreprises multinationales ou *think tanks*) – ne cessait jusque-là de donner des leçons de gestion aux Etats endettés. En même temps, l'endettement des Etats demeure bien réel et s'accroît aussi (du moins dans certains pays) de par les nécessités du sauvetage des banques, ce qui fait qu'il n'est plus tellement question d'un nouvel accroissement de l'Etat providence.

- ampleur des nouvelles émissions monétaires

On s'est aussi rendu compte que la reprise avait eu lieu grâce à une émission inouïe de monnaie aux Etats-Unis, en Grande-Bretagne et en Europe dès 2008 (ainsi, à tout le moins qu'au Japon), en violation des règles de la théorie monétaire – ce qui n'émeut pas forcément sur le plan juridique – mais aussi, pour la zone euro, en violation du Traité sur le fonctionnement de l'Union européenne, dans la mesure où il interdisait que les émissions monétaires servent à financer la dette des Etats membres[63] (cela pose des

---

[62] Pour un aperçu, BAUEN / ROUILLER, *Relations bancaires en Suisse*, 2011, chap. 41, p. 542.

[63] Article 123 par. 1 du Traité sur le fonctionnement de l'UE (« *Il est interdit à la Banque centrale européenne et aux banques centrales des États membres, ci-après dénommées "banques centrales nationales", d'accorder des découverts ou tout autre type de crédit aux institutions, organes ou organismes de l'Union, aux administrations centrales, aux autorités régionales ou locales, aux autres autorités publiques, aux autres organismes ou entreprises publics des États membres; l'acquisition directe, auprès d'eux, par la Banque centrale européenne*

questions sur le plan de l'Etat de droit, même si humainement et politiquement, il est difficile de critiquer la BCE qui est apparue comme la seule entité capable de fournir les moyens permettant d'éviter un écroulement économique et social de pays entiers) [64] . La reprise postérieure à la crise financière a pu donc donner l'impression de reposer sur des bases fragiles ; on ne peut éviter de se demander si la recette employée, qui semblait de dernier recours, pourra être utilisée lors de crises ultérieures sans finir par provoquer des suites pires que le mal, comme l'hyperinflation ou d'autres problèmes, inconnus à ce jour. La crise créée par l'épidémie de coronavirus a donné lieu, dès le printemps 2020, à de nouvelles émissions monétaires destinées à financer les plans de relance. Le phénomène lancé à grande échelle en 2008 s'est ainsi encore accru de façon substantielle.

III. L'état d'esprit en 2008-2020 : l'heure de l'économie solidaire ?

Pour tenter de cerner l'état d'esprit le plus répandu depuis la phase ouverte par la crise financière de 2008, on peut dire que l'impression prévaut selon laquelle les attentes à l'égard de la main invisible du marché ne peuvent qu'être limitées. On lui reproche d'avoir probablement dysfonctionné en 2008 ; certaines voix retiennent que c'est justement l'action étatique qui avait créé de fausses incitations, auxquelles revient la responsabilité de la crise, mais beaucoup parlent

Diagnostics et tendances

---

ou les banques centrales nationales, des instruments de leur dette est également interdite »). L'article 21.1 des Statuts du système européen de banques centrales et de la Banque centrale européenne est identique.

[64] Brève description des volumes en jeu in ROUILLER, *Cryptocurrencies : current realities, philosophical principles and legal mechanisms*, 2ᵉ éd. 2020, p. 14-19.

d'excès du capitalisme ou de ses dysfonctionnements sur le plan économique lui-même. De plus, l'analyse dominante revient aussi à retenir que le capitalisme ne génère pas de lui-même les correctifs nécessaires, sur le plan social, mais aussi sur le plan de la préservation de la nature (la crise épidémique de 2020 a aussi été d'emblée envisagée sous l'angle de la nécessité d'une action étatique forte, entravant ainsi inévitablement et très sensiblement le jeu des marchés). Depuis la crise financière, on peut admettre que les doctrines et efforts de *responsabilité sociale de l'entreprise* – abrégée « RSE » – sont devenus nettement plus visibles (même si beaucoup d'idées désormais rattachées à la « RSE », comme la durabilité, existaient déjà sous de multiples formes depuis fort longtemps[65]) : assurément, malgré certaines critiques en ce sens, il ne s'agit pas là que d'« emplâtres sur une jambe de bois » ou de pur *marketing* de la part des grandes entreprises ; mais on ne peut pas non plus penser (ou du moins : pas présumer) que la « RSE » aura pour effet que les entreprises résoudront elles-mêmes les problèmes sociaux et écologiques, ni forcément les problèmes économiques de solvabilité des entreprises elles-mêmes et la préservation de l'emploi.

Pour exposer de façon ramassée l'état d'esprit qui nous semble le plus répandu :

(i) on sait que l'on ne peut pas tout attendre de la main invisible ;

or, *(ii)* on a en principe abandonné en 1990 le collectivisme (du fait de son échec économique flagrant notamment en

---

[65] Cf. p.ex. ROUILLER / BAUEN / BERNET / LASSERRE ROUILLER, *La société anonyme suisse* (2ᵉ éd., 2017), chap. 6 et 11.

Europe centrale et orientale, et de ses graves effets liberticides même hors du champ économique) ;

et *(iii)* il y a une conscience que – sauf choix du collectivisme (qui est actuellement en principe exclu) – le rôle de l'Etat a été plus ou moins porté à son maximum sur le plan notamment des prélèvements obligatoires. En effet, même dans les pays où le taux des prélèvements obligatoires peut être évalué à environ 35 ou 40% de la richesse annuelle nationale, le consensus revient à considérer qu'ils sont au niveau maximal de ce qui est possible dans une économie libérale. Les pays qui prélèvent davantage (que ce soit 45, 50 ou 55%) ne sont (en principe) pas considérés comme des modèles par les autres, de par l'observation qu'une fois franchi un certain seuil, accroître les prélèvements a des conséquences négatives supérieures aux avantages éventuellement tirés de nouvelles ressources et que cela peut même diminuer les ressources (l'optimum de productivité de l'impôt et d'autres contributions est franchi) ;

et enfin *(iv)* on pressent aussi que ce n'est pas en soi le progrès technologique qui va tout résoudre de lui-même ; on perçoit même le progrès, notamment l'intelligence artificielle, comme un danger, susceptible de détruire massivement le besoin de travail humain (et donc d'aboutir à une disparition massive d'emplois [66]). Le progrès technique à lui seul ne résout pas tout.

---

[66] La possibilité de ces conséquences « négatives » (sur l'utilité réduite du travail humain) est reconnue ou mise en exergue aussi par des personnes travaillant activement sur le développement de l'intelligence artificielle, cf. p.ex. Mathieu COURTECUISSE, *Le sauf cognitif,* 2019 ; Pascal PICQ, *L'intelligence artificielle et les chimpanzés du futur,* 2019 ; Alexandre LAURENT, *La guerre des intelligences,* 2017, p. 46 ss ; Jean-Gabriel GANASCIA, *Le mythe de la singularité,* 2017 ; Yann LE CUN,

Comme dans l'ensemble, les besoins sociaux sont évidemment présents et n'ont pas fondamentalement diminué, et qu'au contraire, on peut présumer qu'ils vont continuer de s'accroître, les pratiques regroupées sous le terme d'*économie solidaire* sont porteuses d'espoirs, car elles rassemblent des acteurs économiques qui fonctionnent autrement que les entreprises classiques et que les bureaucraties d'Etat.

En effet, au-delà des différences d'un pays à l'autre, l'orientation générale dans le concept d'économie solidaire correspond à l'idée qu'il s'agit là *d'entreprises*, qui ont donc la capacité de subvenir à leurs besoins et n'accroissent pas forcément la quote-part de l'Etat dans l'économie. Et de par leur *organisation* solidaire, de par leur *activité* de nature solidaire, de par leurs *prestations* de nature solidaire ou de par *l'utilisation solidaire de leur revenu*, ou encore de par leur *financement* différent, elles jouent un rôle que les entreprises « classiques », à visée non solidaire, ne sont pas en mesure de réaliser.

Certains promoteurs de l'économie solidaire sont très ambitieux quant aux objectifs qu'elle peut viser : selon plusieurs penseurs, les entreprises solidaires pourraient <u>remplacer</u> les autres entreprises ; l'économie solidaire serait alors un modèle *alternatif*, englobant, pour remplacer le modèle actuellement encore dominant. S'en distinguant – et probablement plus répandue, une autre approche consiste à considérer que les entreprises solidaires sont <u>complémentaires</u> aux entreprises purement capitalistiques.

Quand la machine apprend – La révolution des neurones artificiels et de l'apprentissage profond, 2019. Cf aussi Peter SINGER, *L'altruisme efficace* (trad.), 2017, p. 228 s.

En tous les cas, le consensus des penseurs de l'économie solidaire – que celle-ci soit vue comme un modèle alternatif à l'économie « classique » ou dans une complémentarité – consiste à mettre en exergue qu'elle est beaucoup plus facile à développer que d'autres solutions aux problèmes sociaux, tel que par exemple le revenu universel inconditionnel (dont il est évident que la mise en œuvre n'aurait rien de simple dans un monde où, pour ne citer qu'une difficulté, les revenus monétaires sont encore très disparates d'un pays à l'autre).

Parmi les derniers aspects que l'on citera pour attester que l'économie solidaire n'est pas un mouvement de pensée isolé – et même si ceci est loin d'un sondage bibliométrique fiable –, on observera, comme une pointe d'iceberg, l'évolution dans les thématiques traitées par les lauréats du « Prix Nobel d'économie », qu'il n'est pas exagéré de qualifier de temple de la pensée économique classique. Alors que les lauréats étaient jusqu'en 2008 récompensés pour des travaux relevant plutôt de la modélisation mathématique de l'efficience des marchés, dès 2009, ce sont souvent des économistes qui ne se focalisent pas sur un *a priori* systématique d'efficience des marchés mais traitent des problèmes sociaux, qu'ils aient trait à la pauvreté ou à l'écologie, et de leur solution par une adaptation des outils de fonctionnement de l'économie. On évoquera Elinor OSTROM en 2009 (« *Pour son analyse de la gouvernance économique, en particulier les communs* »), Jean TIROLE en 2014 (auteur, notamment, de « *L'économie du bien commun*»), Agnus DEATON en 2015 (« *Pour son analyse de la consommation, de la pauvreté, et du bien-être* »), HART / HOLMSTRÖM en 2016 (« *Pour leurs contributions à la théorie des contrats* », en bonne partie en rapport avec l'asymétrie d'information), Richard THALER en 2017 (connu comme le père du « paternalisme libertarien »), William NORDHAUS en 2018 (« *Pour avoir intégré le changement climatique dans l'analyse macroéconomique de long terme* ») ainsi que DUFLO / BANERJEE / KREMER en 2019 (pour leurs travaux sur « *l'allègement de la pauvreté globale* »). Dans un autre temple de la pensée économique libérale – le World Economic Forum (qui organise notamment le « Forum de Davos ») –, les thématiques récemment abordées (telles « *Creating a Shared Future in a Fractured World* » en 2017-2018 [67]) peuvent donner l'impression que la crème des économistes se consacrent aux coopératives et à l'économie solidaire.

---

[67] Dans l'appel aux contributions du 20.9.2017 pour l'année 2018, sous le titre général « *World Economic Forum 2018 to Call for Strengthening Cooperation in a Fractured World* », la thématique du forum était formulée ainsi: « *The Economic Agenda: Supporting multistakeholder efforts to deliver sustainable and inclusive economic development in the face of lower growth rates, declining productivity and skills gaps* ».

Lauréats du Prix de la Banque de Suède en sciences économiques en mémoire d'Alfred Nobel

2009	Elinor Ostrom	« Pour son analyse de la gouvernance économique, en particulier les communs »
2014	Jean Tirole	Auteur de « L'économie du bien commun »
2015	Agnus Deaton	« Pour son analyse de la consommation, de la pauvreté, et du bien-être »
2016	Hart/Holmström	« Pour leurs contributions à la théorie des contrats » (en bonne partie en rapport avec l'asymétrie d'information
2017	Richard Thaler	Connu comme le père du « paternalisme libertarien »
2018	William Nordhaus	« Pour avoir intégré le changement climatique dans l'analyse macroéconomique de long terme »

Cela dit, en l'absence d'une doctrine bien identifiée comme l'était le marxisme – ou même le solidarisme à la charnière des XIXe et XXe siècles –, il faut reconnaître que la pensée économique alternative ou corrective de l'économie libérale est faite d'une _infinité de tendances_ : parmi, littéralement, des milliers de variantes, on notera celle portée par le philosophe australo-américain Peter SINGER, que ses éditeurs désignent volontiers comme le plus influent philosophe de notre époque, et qui a notamment élaboré la doctrine de « _l'altruisme efficace_ » (qui, pour le dire de façon très résumée, encourage, parmi d'autres, la voie consistant à avoir d'importants revenus si cela permet de donner des montants considérables aux organisations de bienfaisance - *charities*)[68]. Certains débats opposent ceux qui voient une innovation fondamentale dans « *l'économie collaborative* » (souvent désignée en anglais comme « l'économie du partage » – *sharing economy*, représentant une rupture par rapport au capitalisme traditionnel tant du point de vue de l'organisation du marché que des sources de financement) [69] et ceux qui parlent de « *l'impasse collaborative* » pour lesquels seule la *coopération* – opposée à la collaboration – peut résoudre les problèmes posés par l'économie [70] . On peut relever la promotion d'un néocommunisme par les crypto-monnaies (sous le terme facétieux de « cryptocommunisme ») [71] , et celui d'un

---

[68] Peter SINGER, *L'altruisme efficace* (trad.), 2017, p. 83.

[69] En français, cf. p.ex. TERRASSE / BARBEZIEUX / HERODY, *Rapport au Premier Ministre sur l'économie collaborative* (8.2.2016) ; v. aussi SLIM / PRIETO, Idées reçues sur l'économie collaborative, 2018. En anglais, cf. BOTSMAN / ROGERS, *What's Mine is Yours : The rise of collaborative consumption,* 2010 ; Arun SUNDARARAJAN, *The Sharing Economy : The End of Employment and the Rise of Crowd-Based Capitalism* (2016), p. 116 ; Mingming CHENG, *Sharing economy: A review and agenda for future research*, International Journal of Hospitality Management 2016, p. 60 ss.

[70] Eloi LAURENT, *L'impasse collaborative*, 2018, p. 20 (« *l'opposition est [...] plus forte entre coopération et collaboration qu'entre collaboration et compétition* ») et 170 (« *donner la priorité à la coopération sur la collaboration dans tous les espaces sociaux* », « *redécouvrir la richesse et la diversité des formes qui ont préexisté aux institutions du capitalisme, notamment les formes d'entreprise qui ont pu voir le jour au fil du temps* ») ; ég. p. 18 pour les différents aspects de l'opposition entre coopération et collaboration. Pour une description critique – mais d'un autre point de vue – des phénomènes relevant de l'économie collaborative, cf. p.ex. Jean TIROLE, *L'économie du bien commun*, 2016, p. 556-566.

[71] Mark ALIZART, *Cryptocommunisme*, 2018.

anarcho-capitalisme, par le même moyen des crypto-monnaies[72].

Dans l'ensemble, la pensée économique et sociologique est foisonnante ; les analyses et les opinions sont multiples et diverses. Cela dit, les lignes générales qui se dégagent de ce foisonnement montrent une sensibilité évidente à l'insuffisance des mécanismes purement économiques pour résoudre les problèmes sociaux ou écologiques, une conscience que l'Etat ne peut pas tout faire lui-même et qu'il est donc important voire incontournable que les acteurs privés puissent être en charge du traitement des problèmes sociaux ou écologiques – c'est-à-dire justement ce que l'on peut cerner par le terme d'économie solidaire. Il reste que les solutions esquissées ou proposées par les penseurs économiques vont dans les sens les plus divers et demeurent souvent assez floues (elles restent éloignées d'un système intégral comme le formaient les solutions marxistes ou même les propositions *solidaristes* de la charnière du XIXe ou XXe siècle). En fin de compte, ce qui est bien plus précis

---

[72] On peut parler spécifiquement de crypto-anarchisme (le terme est fréquemment utilisé, cf. p.ex. Enrico BELTRAMINI, *Cryptoanarchism and Blockchain*, in *Management and Anarchism* [Parker/Swann/Stoborod éds.], 2019 ; en rapport avec l'informatique sans spécifiquement se référer aux cryptomonnaies ou à la blockchain, le terme semble émerger par *The Crypto Anarchist Manifesto* de Timothy MAY paru en 1988). L'anarcho-capitalisme est en soi *bien antérieur* à l'apparition des crypto-monnaies (cf. p.ex. David FRIEDMAN, *The Machinery of Freedom*, 1973, et *Law's Order : What Economics Has to Do with Law and Why It Matters*, 2000 ; voir aussi Murray ROTHBARD, *Power and Market*, 1970 ; *The Ethics of Liberty*, 1983, étant précisé que l'aspect monétaire était déjà traité avant l'abandon de l'étalon-or de 1971 dans *What Has Government Done to Our Money?* de 1963, tandis qu'un ouvrage de Friedrich von HAYEK, *Denationalisation of Money*, de 1976, est souvent identifié comme l'une des analyses les plus précoces sur l'une des raisons de l'engouement – alors futur – pour les cryptomonnaies décentralisées).

– et limité – que les doctrines qui leur servent de fondement, ce sont en bonne partie les *choix des législateurs* et les *pratiques concrètes des acteurs privés* que l'on peut observer (pour certaines en marge des choix des législateurs, tout en étant juridiquement identifiables). La suite de l'examen sera ainsi étroitement juridique.

Quelques tendances (divergentes les unes par rapport aux autres) dans le développement de systèmes alternatifs ou complémentaires à un système économique « capitaliste »

L'entreprenariat social (Muhammad Yunus, micro-crédit)	vs. (p.ex.)	l'économie solidaire
La collaboration (« économie collaborative »)	vs. (p.ex.)	la coopération
«L'altruisme efficace» (Peter Singer)	vs. (p.ex.)	
« L'économie symbiotique »	et al.	

IV. Les instruments juridiques de l'économie solidaire

1. Les différents types de choix législatifs

Même si les règles de droit ne présentent pas un *Définitions ou périmètres* foisonnement comparable aux propositions socio-économiques, la nature juridique de l'examen ne permettra pas d'arrêter une définition parfaitement convergente (universelle) de l'économie solidaire. Dans certains pays, le législateur a adopté une définition de l'économie solidaire, et l'examen relatif à d'autres pays pourra porter sur les institutions juridiques et les pratiques qui rentrent dans le même périmètre que celui défini législativement dans les premiers pays, mais on ne peut se borner à ce cadre pour cerner les moyens juridiques d'action concrètement utilisés de manière ou dans un but solidaire.

Pour le dire en d'autres termes, une première distinction saute aux yeux en ceci que certains pays ont une législation qui définit le secteur de l'économie solidaire et lui donne un régime juridique en tant que tel, avec évidemment différentes catégories d'acteurs du secteur et différentes règles sur certains sujets. Cela les distingue d'autres pays, qui nous paraissent constituer le cas le plus fréquent à l'échelle mondiale, qui n'ont pas formellement une loi qui définisse l'économie solidaire.

Parmi les pays qui ont une réglementation systématique qui vise à englober le secteur, on identifie la France, l'Espagne, le Luxembourg, la Colombie, le Québec et en tout cas, pour la Belgique, la région wallonne. Plusieurs pays, comme la Roumanie, ont une règlementation qui se définit comme relevant de l'économie solidaire – concrètement une « loi sur l'économie sociale », que l'on peut qualifier de moins englobante (pour la Roumanie, elle est spécifiquement orientée vers la lutte contre l'exclusion sociale et notamment pour favoriser l'emploi des personnes handicapées). Des études de droit comparé montrent que la majorité des pays d'Amérique latine ont une réglementation qui se désigne comme consacrée à l'économie solidaire et qui est assez englobante ; le concept est aussi utilisé dans des pays du Maghreb et dans plusieurs pays d'Asie.

Parmi les pays qui n'ont pas de réglementation qui se désigne comme étant consacrée à l'« économie solidaire », mais pour lesquels un rapport national a été fourni, on trouve notamment le Brésil, l'Allemagne et la Suisse.

1.1 Pays ayant adopté une législation spécifique consacrée à l'économie solidaire

France

Pour les pays qui donnent une définition de l'économie solidaire, on trouve notamment la France, par une loi du 31 juillet 2014 « sur l'Economie sociale et solidaire ». Cette loi donne une définition des entreprises sociales et solidaires qui inclut concrètement d'abord la caractéristique que *leur but ne se borne pas au partage des bénéfices*, que leur *gouvernance* est démocratique, transparente et participative, et que *les droits de vote* ne sont pas liés uniquement aux apports en capital[73].

---

[73] Section I de l'art. 1 de la loi du 31.7.2014 : « *L'économie sociale et solidaire est un mode d'entreprendre et de développement économique adapté à tous les domaines de l'activité humaine auquel adhèrent des personnes morales de droit privé qui remplissent les conditions cumulatives suivantes : 1° Un but poursuivi autre que le seul partage des bénéfices ; 2° Une gouvernance démocratique, définie et organisée par les statuts, prévoyant l'information et la participation, dont*

Il y a aussi des règles sur l'allocation des bénéfices, qui expriment une lucrativité limitée, ce sur quoi l'on reviendra.

Quant aux entreprises qui en font partie, on remarque que les coopératives et mutuelles font aisément partie de l'économie solidaire, tandis que les sociétés commerciales (soit la société anonyme et celles que l'on peut appeler les formes dérivées et « atténuées » comme la Sàrl) n'en sont pas exclues, mais doivent remplir toute une série de conditions, d'abord par *un but explicitement d'utilité sociale*[74] et par des *principes de gestion précis en ce qui*

---

*l'expression n'est **pas seulement liée à leur apport en capital** ou au montant de leur contribution financière, des **associés**, des **salariés** et des **parties prenantes** aux réalisations de l'entreprise ; 3° Une gestion conforme aux principes suivants : (a) Les **bénéfices** sont majoritairement consacrés à l'objectif de maintien ou de développement de l'activité de l'entreprise ; (b) Les **réserves obligatoires** constituées, impartageables, ne peuvent **pas être distribuées**. Les statuts peuvent autoriser l'assemblée générale à incorporer au capital des sommes prélevées sur les réserves constituées au titre de la présente loi et à relever en conséquence la valeur des parts sociales ou à procéder à des distributions de parts gratuites. [....] Les incorporations ultérieures ne peuvent porter que sur la moitié, au plus, de l'accroissement desdites réserves enregistré depuis la précédente incorporation. **En cas de liquidation ou, le cas échéant, en cas de dissolution, l'ensemble du boni de liquidation est dévolu soit à une autre entreprise de l'économie sociale et solidaire [...]** ».*

[74] Section II de l'art. 1 : « *L'économie sociale et solidaire est composée des activités de production, de transformation, de distribution, d'échange et de consommation de biens ou de services mises en œuvre : 1° Par les personnes morales de droit privé constituées sous la forme de **coopératives**, de **mutuelles** ou d'unions relevant du code de la mutualité ou de sociétés d'assurance mutuelles relevant du code des assurances, de fondations ou d'associations régies par la loi du 1er juillet 1901 relative au contrat d'association ; 2° Par les **sociétés commerciales** qui, aux termes de leurs **statuts**, remplissent les conditions suivantes : (a) Elles respectent les conditions fixées au I du présent article ; (b) Elles recherchent une **utilité sociale** au sens de l'article 2 de la présente loi ; (c)* [cité in n. 75] ». L'article 2 apporte la définition suivante : « *Sont considérées comme poursuivant une utilité sociale au sens de la*

concerne l'allocation des bénéfices, qui doivent pour l'essentiel rester dans l'entreprise d'une part pour des motifs de durabilité de celle-ci et d'autre part – en résumé – pour des motifs d'irrévocabilité de l'affectation du bénéfice au but d'utilité sociale[75].

---

présente loi les entreprises dont l'objet social satisfait à titre principal à l'une au moins des trois conditions suivantes : 1° Elles ont pour objectif d'apporter, à travers leur activité, un soutien à des personnes en situation de fragilité soit du fait de leur situation économique ou sociale, soit du fait de leur situation personnelle et particulièrement de leur état de santé ou de leurs besoins en matière d'accompagnement social ou médico-social. Ces personnes peuvent être des salariés, des usagers, des clients, des membres ou des bénéficiaires de cette entreprise ; 2° Elles ont pour objectif de contribuer à la lutte contre les exclusions et les inégalités sanitaires, sociales, économiques et culturelles, à l'éducation à la citoyenneté, notamment par l'éducation populaire, à la préservation et au développement du lien social ou au maintien et au renforcement de la cohésion territoriale ; 3° Elles concourent au développement durable dans ses dimensions économique, sociale, environnementale et participative, à la transition énergétique ou à la solidarité internationale, sous réserve que leur activité soit liée à l'un des objectifs mentionnés aux 1° et 2° »

[75] Lit. c de la Section II de l'art. 1: « *c) Elles appliquent les **principes de gestion suivants** : -- le prélèvement d'une fraction définie par arrêté du ministre chargé de l'économie sociale et solidaire et au moins égale à **20 % des bénéfices de l'exercice**, affecté à la constitution d'une **réserve statutaire obligatoire**, dite « fonds de développement », tant que le montant total des diverses réserves n'atteint pas une fraction, définie par arrêté du ministre chargé de l'économie sociale et solidaire, du montant du capital social. Cette fraction ne peut excéder le montant du capital social. Les bénéfices sont diminués, le cas échéant, des pertes antérieures ; -- le prélèvement d'une fraction définie par arrêté du ministre chargé de l'économie sociale et solidaire et au moins égale à **50 % des bénéfices de l'exercice, affecté au report bénéficiaire ainsi qu'aux réserves obligatoires.** Les bénéfices sont diminués, le cas échéant, des pertes antérieures ; -- **l'interdiction pour la société d'amortir le capital** et de procéder à une réduction du capital non motivée par des pertes, sauf lorsque cette opération assure la continuité de son activité, dans des conditions prévues par décret. [...] »*.

La loi espagnole, de trois ans plus ancienne (2011), a une *Espagne* approche similaire (bien que comprenant moins de dispositions spécifiques sur l'ouverture à des sociétés autres que les coopératives ou associations). Son article 4 détermine son champ d'application, essentiellement sur la base de « principes d'orientation » (trad.) : « *Les entités de l'économie sociale agissent sur la base des suivants principes d'orientation : (a)* **Primauté des personnes et de la fin sociale sur le capital**, *qui est concrétisée en gestion autonome et transparente, démocratique et de participation, qui mène à donner priorité à la prise des décisions plus en fonction des personnes et leurs contributions de travail et services prêtés à l'entité ou en fonction de la fin sociale, que par rapport à leurs contributions au capital social. (b) Application des résultats obtenus de l'activité économique* **principalement en fonction du travail effectué** *et service ou activité effectuée par les associés ou par leurs membres et, le cas échéant, à la fin sociale objet de l'entité. (c) Promotion de la* **solidarité interne et avec la société** *qui favorise l'engagement avec le développement local, l'égalité des chances entre les hommes et les femmes, la cohésion sociale, l'insertion de personnes en risque d'exclusion sociale, la génération d'emploi stable et de qualité, la conciliation de la vie personnelle, familiale et professionnelle et le caractère soutenable. (d) Indépendance par rapport aux pouvoirs publics* » (les mises en exergue sont de l'auteur).

La loi montre que son champ d'application n'est pas ouvert à certaines sociétés déterminées par leur type ou leur forme juridique [76] (ce qui est une situation que l'on observe également en particulier au Portugal et en Grèce[77]).

Le Luxembourg a une loi plus récente, adoptée en 2016, qui ne prévoit aucune distinction selon la forme de la société. Ce sont clairement le but et l'activité concrète, le type de gestion, en particulier l'allocation des bénéfices (qui doivent aller au moins pour moitié au but solidaire) qui sont décisives, indépendamment de la forme juridique :

*« Elles ont pour but d'apporter, à travers leur activité, **un soutien à des personnes en situation de fragilité**, soit du fait de leur situation économique ou sociale, soit du fait de leur situation personnelle et particulièrement de leur état de santé ou de leurs besoins d'accompagnement social ou médico-social. Ces personnes peuvent être des salariés, des clients, des membres, des adhérents ou des bénéficiaires de l'entreprise ;*

*Elles ont pour but de contribuer à la préservation et au **développement du lien social**, à la lutte contre les exclusions et les inégalités sanitaires, sociales, culturelles et économiques, à la parité hommes-femmes, au maintien et*

---

[76] Article 5. *« Entités de l'économie sociale. 1. Font partie de l'économie sociale les coopératives, les mutualités, les fondations et les associations qui mènent à bien activité économique, les sociétés de travail, les entreprises d'insertion, les centres spéciaux d'emploi, les confréries de pêcheurs, les sociétés agraires de transformation et les entités singulières créées par des règles spécifiques qui soient régies par les principes établis dans l'article précédent. 2. De même, on pourra faire partie de l'économie sociale ces entités qui effectuent une activité économique et patronale, dont les règles de fonctionnement répondent aux principes visés à l'article précédent, et qui soient comprises dans le catalogue d'entités prévu dans l'article 6 de cette Loi.* » (trad.).

[77] Pour cette observation, David HIEZ, Rapport national luxembourgeois, n. 6 et 7.

au renforcement de la cohésion territoriale, à la protection de l'environnement, au développement d'activités culturelles ou créatives et au développement d'activités de formation initiale ou continue.

*Disposer d'une **gestion autonome** au sens où elles sont pleinement capables de choisir et de révoquer leurs organes directeurs ainsi que de contrôler et d'organiser l'ensemble de leurs activités.*

*Appliquer le principe selon lequel **au moins la moitié des bénéfices réalisés sont réinvestis** dans le maintien et le développement de l'activité de l'entreprise »*[78].

La Belgique paraît avoir joué un rôle de pionnier assez *Belgique* marqué dans l'économie solidaire, d'une part au vu de l'important secteur associatif et coopératif qu'elle a depuis près d'un siècle et, d'autre part, en ayant créé voici plus de vingt ans une « *société à finalité sociale* ». La situation actuelle apparaît marquée par une loi du 23 mars 2019, nommée le Code des sociétés et des associations, qui réunit sous un même toit les régimes juridiques des différentes personnes morales, qui étaient jusqu'alors traitées par des lois séparées. Ce qui semble en résulter, c'est que le domaine de l'économie solidaire est moins marqué par les formes juridiques que ce n'était le cas dans un passé encore récent, où l'association sans but lucratif et la coopérative, puis dès 1995 la « société à finalité sociale » se distinguaient par des critères assez aisément perceptibles.

Depuis 2019, la finalité sociale se détermine en particulier par un agrément du Ministère de l'Economie – « entreprise

---

[78] David HIEZ, Rapport national luxembourgeois, réponse à question 1.1.

sociale » – qui est réservé aux sociétés *coopératives* qui remplissent certaines conditions déterminées.

La caractéristique requise pour qu'une société coopérative soit nommée « entreprise sociale » est surtout la limitation du nombre de voix et la limitation des distributions à leurs membres à un taux annuel maximal de 6% de l'apport libéré (il ne semble pas nécessaire en revanche que les réserves soient, en cas de liquidation, affectées à une société à même finalité).

L'association à but non lucratif a subsisté et les acteurs de la vie économique qui recourent à cette forme juridique estiment qu'elle est par nature une entreprise sociale. Il apparaît aussi que les associations à but non lucratif peuvent désormais, depuis la réforme du 23 mars 2019, avoir une activité commerciale de façon tout à fait affichée (on comprend que leur rôle concret pourrait s'accroître de par la fin des limitations quant aux activités, mais que leur appartenance à l'économie sociale ou solidaire pourrait parfois devenir sujette à caution).

Le rapporteur national belge a mentionné que par la loi de mars 2019, le législateur fédéral (en droit des sociétés) avait exprimé de « *l'indifférence [...] à l'égard de l'économie sociale* »[79]. En revanche, il apparaît que le législateur régional wallon a développé et conservé une attention à ce secteur, dans ses domaines de compétence, comme le subventionnement ou une série de mesures incitatives. En effet, un décret régional de 2008 définit l'économie sociale de façon assez précise : « *les activités économiques productrices de biens ou de services, exercées par des*

---

[79] Roman AYDOGDU, Rapport national belge, spéc. ad n. 43.

sociétés, principalement coopératives et/ou à finalité sociale, des associations, des mutuelles ou des fondations, dont l'éthique se traduit par l'ensemble des principes suivants : 1° finalité de service à la collectivité ou aux membres, plutôt que finalité de profit ; 2° autonomie de gestion; 3° processus de décision démocratique ; 4° primauté des personnes et du travail sur le capital dans la répartition des revenus ; par son action, elle permet d'amplifier la performance du modèle de développement socio-économique de l'ensemble de la Région wallonne et vise l'intérêt de la collectivité, le renforcement de la cohésion sociale et le développement durable ».

La situation en Colombie apparaît notamment caractérisée *Colombie* par une tradition importante du secteur coopératif, sur laquelle nous reviendrons. Une loi de 1998 (N° 454) permet de circonscrire l'économie solidaire par la description contenue à son article 2 : « *le système socio-économique, culturel et environnemental conformé par l'ensemble des forces sociales organisées sous des formes associatives identifiées par des pratiques d'autogestion solidaires, démocratiques et humanistes ; à but non lucratif visant le développement intégral de l'être humain en tant que sujet, acteur et objectif de l'économie* »[80].

La Roumanie, seul pays anciennement du « bloc » *Roumanie* d'économie planifiée dont un rapport a été remis, permet de rester sensible au parcours de ces pays. Le rapport le met précisément en exergue : « *Dans les conditions d'une intervention brutale de l'État dans l'économie pendant le régime communiste, dans la période d'après 1990 s'est fait*

---

[80] Cf. Constanza BLANCO, Rapport national colombien (trad. Oswaldo PEREZ), ad n. 7.

sentir une certaine réticence à l'égard de toute limitation du but de l'activité économique privée orientée vers le profit »[81].

Toutefois, une loi a été adoptée en 2015. Outre l'objectif de servir l'intérêt général et notamment l'aide à l'emploi des personnes vulnérables [82], elle se réfère avec netteté à l'initiative « *privée, volontaire et solidaire, ayant un haut degré d'autonomie et responsabilité* », ce qui semble marqué par la volonté de mettre en exergue qu'il ne s'agit pas de collectivisme ; cela est rappelé, au-delà de la définition-même, par l'énonciation de caractéristiques comme « *l'autonomie de gestion et l'indépendance par rapport aux autorités publiques* »[83].

---

[81] Lucia BERCEA, Rapport national roumain, I, 4ᵉ para.

[82] La loi vise les objectifs accomplis par les activités d'intérêt général suivantes : « *— la production des biens, la prestation des services et/ou l'exécution des travaux qui contribuent au bien-être de la communauté ou des membres de celle-ci ; — la promotion prioritaire des activités qui peuvent générer ou assurer des emplois ; — le développement des programmes de formation professionnelle pour les personnes appartenant au groupe vulnérable ; —le développement des services sociaux pour l'augmentation de la capacité d'insertion au marché du travail des personnes appartenant au groupe vulnérable* » (trad. fournie par le rapport roumain).

[83] Loi de 2015 (no. 219/2015) sur l'économie sociale – laquelle est caractérisée par « *la priorité accordée à l'individu et aux objectifs sociaux par rapport à l'augmentation du profit; [...] la convergence entre les intérêts des membres associés et l'intérêt général ou les intérêts d'une collectivité; le contrôle démocratique des membres exercé sur les activités accomplies; [...] la personnalité juridique distincte, l'autonomie de gestion et <u>l'indépendance par rapport aux autorités publiques</u>; l'allocation de la plus grande partie du profit/de l'excédent financier pour atteindre les objectifs d'intérêt général, ceux d'une collectivité ou relevant de l'intérêt personnel non-patrimonial des membres* » (trad. fournie par le rapport roumain).

Cela étant, on peut trouver beaucoup de similitudes avec le texte de la loi française du 31 juillet 2014, notamment sur les moyens et sur la forme juridique. Sur ce dernier point, il n'y a pas de restriction : certaines formes, comme les coopératives ou mutuelles, sont par leur nature des entreprises sociales ; mais sont également des entreprises sociales « *toutes les autres catégories de personnes morales qui respectent, cumulativement, la définition et les principes de l'économie sociale* ».

L'intervention de l'Etat se manifeste notamment par des attestations accordées aux entreprises qui remplissent des conditions bien précises[84].

1.2 Pays sans loi spécifiquement consacrée à l'économie solidaire

Parmi les pays qui ont fait l'objet d'un rapport, on voit que les ordres juridiques suisse, brésilien et allemand cernent le domaine de l'économie solidaire d'une façon que l'on peut

Suisse, Brésil, Allemagne

---

[84] Ces attestations sont notamment : a) pour l'« *entreprise sociale* » : « *L'attestation est délivrée pour les entreprises sociales qui respectent les critères suivants: (1) agit dans un but social et/ou dans l'intérêt général de la communauté; (2) alloue au moins 90% du profit obtenu au but social et à la réserve statutaire; (3) s'oblige à transmettre les biens restés suite à sa liquidation vers l'une ou plusieurs entreprises sociales; (4) applique le principe de l'équité sociale vers ses employés assurant des niveaux de salarisation équitables entre lesquels il ne peut exister des différences qui dépassent le rapport de 1 à 8 »* ; pour (b) l'« *entreprise sociale d'insertion* » : « *entreprise sociale dont, en permanence, au moins 30% du personnel employé appartient au groupe vulnérable (personnes ou familles qui risquent de perdre leur capacité de voir satisfaire leurs besoins de vie quotidiens) et qui a pour but de lutter contre l'exclusion, les discriminations et le chômage par l'insertion socio-professionnelle des personnes défavorisées* » (trad. fournie par le rapport roumain).

dire purement fonctionnelle, sans définition d'ensemble, car il n'y a pas de loi spécifique.

En Suisse, on observera l'utilisation révélatrice de la notion de « nébuleuse de l'économie sociale et solidaire » pour indiquer que le « recensement » du secteur est délicat[85].

L'illustration graphique[86] est, elle aussi, éloquente :

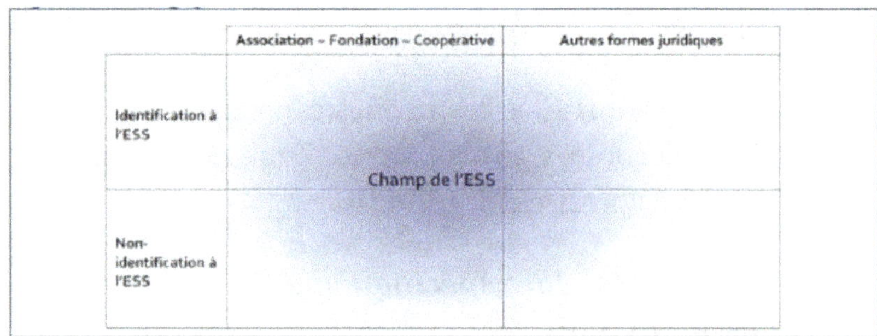

Tant au Brésil qu'en Suisse, on cite les sociétés coopératives comme une illustration concrète de l'économie solidaire[87]. Par ailleurs, en Suisse, on pensera également aux

---

[85] GACHET / GONIN, Spécificités et contributions de la nébuleuse de l'économie sociale et solidaire, 2015 (p. 47).

[86] Op. cit., Figure 4.2 : « Logique du recensement de la nébuleuse de l'ESS ».

[87] On cite ici le rapport brésilien d'Arnoldo WALD : « *Il n'existe pas un régime juridique particulier au Brésil pour les entreprises ou les entités qui s'inscrivent dans une orientation 'd'économie solidaire'. Néanmoins, on retrouve certaines caractéristiques 'd'économie solidaire' par la voie (i) des associations sans but lucratif qui ont une portée solidaire ; et (ii) des sociétés (civiles ou commerciales) qui ont un but lucratif mais qui gardent une portée solidaire dans ces activités. Ceci dit, une telle distinction peut se faire constater plutôt par 'les engagements et les activités en soi' et moins par le 'statut juridique'. Un régime particulier doit être souligné : il s'agit des 'coopératives' qui ont un régime juridique propre, et peuvent avoir une portée 'd'économie solidaire'. Selon la loi n° 5.764, du 16 décembre 1971, les coopératives sont établies par un contrat de société entre personnes*

associations poursuivant un intérêt idéal et aux fondations à but idéal, mais il faut encore avoir à l'esprit que les sociétés anonymes peuvent elles aussi ne pas avoir un but lucratif (cela se rencontre notamment dans le domaine de l'éducation privée).

2. Importante quantitative des secteurs pouvant être rattachés à l'économie solidaire

Sur le point de l'importance quantitative de l'économie solidaire, il faut observer que le poids du secteur est considérable indépendamment de la question de savoir s'il existe une réglementation spéciale qui distingue l'économie solidaire des autres domaines, même si une définition légale permet plus facilement la création d'un outil de mesure statistique.

Outils de mesure et définitions juridiques

Selon les sources, le poids de l'économie solidaire est de l'ordre de 10% du PIB en France, de 10,5% de l'emploi total et de 14% de l'emploi privé[88]. Une estimation de 2014 donne un taux de l'ordre de 8% pour le Québec. On trouve des estimations de 10% pour l'Argentine, la Belgique et l'Italie[89]. Pour une série de pays, l'importance économique du secteur était estimée à un niveau moins élevé, comme 5% (le Portugal), et parfois sensiblement en dessous (Pologne,

Estimations et approximations

---

physiques, et elles ont pour but une activité économique et non lucrative. En général ces organisations ont le système de 1 personne, 1 vote. ».

[88] LACROIX / SLITINE, *L'économie sociale et solidaire*, 2ᵉ éd., 2019, p. 26-36. Voir aussi Christine NEAU-LEDUC, Rapport national français, réponse à question 1.3.

[89] Cf. notamment l'étude « panoramique » de Diadji NIANG, *Etude comparative de la législation de l'Economie Sociale et Solidaire dans les pays d'Europe, d'Amérique latine, du centre (Honduras), du Nord (Québec), d'Afrique (Maghreb, OHADA) et d'Asie (Inde, Japon, Corée du Sud)*, version préliminaire d'octobre 2014.

moins de 4% ; Roumanie, environ 2,5%). Des sources estiment que le secteur représenterait 50% de l'emploi et 30% en Equateur – on regrette particulièrement l'absence d'un rapport équatorien. Pour la Colombie, le rapport national indique que 13% des Colombiens étaient membres de coopératives.

Il est intéressant de noter que dans un pays comme la Suisse où l'économie solidaire ne peut être circonscrite par une définition légale, on mesure aussi le secteur à au moins 10% des emplois ou du PIB. Il faut toutefois avoir à l'esprit qu'en plus d'associations, importantes, à but manifestement solidaire comme la Croix Rouge ou le WWF et bien d'autres, les associations à but non lucratif[90] incluent notamment les fédérations sportives internationales qui ont assurément à l'origine un but idéal (outre la santé par l'exercice physique, l'intégration sociale, la fraternité entre nations, et donc la paix, etc.), mais qui ont récolté de tels moyens financiers que le rattachement à l'économie solidaire peut être désormais discuté. Un questionnement similaire peut surgir, toujours en Suisse, au regard du fait que les deux plus grands distributeurs de détail sont des coopératives. Il n'est pas incongru de les rattacher à l'économie solidaire dans la mesure où, si leur fonctionnement à l'égard des clients et des fournisseurs ressemble bien à celui de toute autre grand distributeur, il n'y a effectivement pas de distribution de dividende. La même remarque peut s'appliquer aux banques

---

[90] GACHET / GONIN, *Spécificités et contributions de la nébuleuse de l'économie sociale et solidaire*, 2015, p. 31, se réfèrent au seul secteur « non-lucratif » pour estimer son produit à 29 milliards de francs suisses et 180'000 emplois. Voir aussi HELMIG ET AL., *The Swiss civil society sector in a comparative perspective*, 2011.

organisées sous la forme coopérative (notamment les caisses Raiffeisen[91]).

3. Conséquences de l'appartenance au secteur de l'économie solidaire

Il est opportun au présent stade de l'examen d'envisager succinctement mais systématiquement les *conséquences concrètes* de l'appartenance au secteur de l'économie solidaire – certaines de ces conséquences étant d'ailleurs des éléments de la définition du secteur.

3.1 Règles sur l'utilisation du bénéfice

Précisément, comme le montre notamment la loi française du 31 juillet 2014 et comme on l'a relevé en rapport avec la définition du secteur, y appartenir induit des exigences relatives à l'utilisation du bénéfice. Cette loi prescrit comme règle générale « *l'affectation du **bénéfice** à l'objectif de maintien ou de développement de l'activité de l'entreprise et la <u>constitution</u> de **réserves obligatoires** qui ne peuvent pas être distribuées* » aux membres ou aux propriétaires de l'entreprise.

Réserves et liquidation

- France

Ces réserves servent à assurer la pérennité de l'entreprise en ceci qu'elles ne sont utilisables que pour compenser des pertes ; et <u>si elles ont subsisté au terme de l'existence de l'entité</u>, elles n'iront pas, en cas de liquidation, aux membres ou propriétaires mais « *à une autre entreprise de l'économie sociale et solidaire* »[92] ; en d'autres termes, elles servent en

---

[91] BAUEN / ROUILLER, *Relations bancaires en Suisse*, 2011, p. 16 s. (sur la structure), 259 (sur le caractère usuel des pratiques) et 268 (sur le volume des affaires).

[92] Cité *supra* in n. 73 *in fine*.

principe à poursuivre la « mission » et non à accroître le patrimoine des associés.

On retrouve cette même règle en droit roumain, pour les sociétés qui ont obtenu le statut d'entreprise sociale, puisque celui-ci suppose qu'une telle entreprise « *alloue au moins 90% du profit obtenu au but social et à la réserve statutaire* »et « *s'oblige à transmettre les biens restés suite à sa liquidation vers l'une ou plusieurs entreprises sociales* ».

Il est intéressant de noter que le droit suisse prévoit une interdiction de distribution aux membres ou aux fondateurs si une personne morale (essentiellement une association ou une fondation) a obtenu une exonération fiscale fondée sur son but de service public ou d'intérêt général[93]. Dans un tel cas, l'affectation des ressources au but d'intérêt doit être *irrévocable*, et cela se manifeste par une obligation de n'affecter l'excédent de liquidation qu'à une personne morale qui a un but similaire, également d'intérêt public.

Il est utile d'observer que le droit des *sociétés coopératives* en soi ne contient pas une telle règle impérative : les statuts et l'assemblée peuvent décider d'affecter les fonds issus de la liquidation aux coopérateurs[94]. La loi *présume* toutefois que « *si les statuts ne prescrivent rien au sujet de la*

---

[93] La définition de l'exonération dans la loi fiscale indique qu'elle ne vise que « *les personnes morales qui poursuivent des buts de service public ou d'utilité publique, sur le bénéfice exclusivement et irrévocablement affecté à ces buts* » (cf. p.ex. art. 56 lit. g de la Loi fédérale sur l'impôt fédéral direct).

[94] Art. 913 al. 2 CO : « *L'excédent qui reste après extinction de toutes les dettes et, s'il y a lieu, remboursement des parts sociales, ne peut être réparti entre les associés que si les statuts le permettent.* »

répartition de l'excédent, celui-ci doit être affecté à des buts coopératifs ou d'utilité publique »[95].

Le même régime s'applique aux associations ou fondations qui n'ont pas obtenu d'exonération fiscale fondée sur l'intérêt public[96]. La *restriction impérative* ne vient donc pas du droit civil mais du droit fiscal, uniquement dans les cas d'exonération fiscale. L'irrévocabilité de l'affectation des fonds peut, essentiellement pour la fondation, venir de l'acte de fondation qui stipulera que l'affectation des fonds est irrévocablement attribuée au but statutaire de sorte qu'en cas de liquidation, l'excédent ira à une fondation poursuivant un but similaire.

Le droit belge a une approche qui apparaît proche, et l'on se référera sur ce plan au rapport national très précis. Le rapport colombien met en exergue pour sa part que la liquidation est *supervisée*.

- Belgique

Le droit luxembourgeois semble libéral sur le plan de la distribution de l'excédent au moment de la liquidation, comme le droit brésilien.

- Luxembourg, Brésil

On peut se demander si seule une affectation impérativement irrévocable, comme paraît le prévoir le droit français, n'est pas le seul moyen d'être vraiment rigoureux dans l'optique de contribuer à la réalisation des buts. On doit observer à cet égard qu'aucun rapporteur des ordres juridiques dans lesquels plus de souplesse est possible n'a

---

[95] Art. 913 al. 4 CO.

[96] L'art. 57 al. 2 CC prévoit en cas de liquidation l'allocation au but « dans la mesure du possible », mais l'al. 1 réserve les dispositions spécifiques des statuts, qui prévalent ; or, leur contenu n'est pas dicté par des dispositions impératives de droit civil.

fait état de scandales marquants qui seraient dus à des abus, en particulier à la tromperie sur l'affectation irrévocable à un but social.

Après ces considérations sur la liquidation – fin de l'aventure de l'entreprise solidaire –, il est utile de se pencher sur les règles relatives à l'affection du bénéfice aux phases antérieures (pendant que l'aventure de l'entreprise solidaire « bat son plein »).

Ces règles peuvent la définir *a contrario* en exposant que seule une partie du bénéfice peut être distribuée sous forme de dividende aux détenteurs des droits de propriété.

En ce qui concerne les coopératives, on observe que la Belgique limite, pour les sociétés coopératives <u>agréées</u>, une distribution correspondant à 6% au plus de l'apport fourni par le coopérateur.

En droit français, on perçoit l'idée en vertu de laquelle la *majeure partie* du bénéfice doit être attribuée « *à l'objectif de maintien ou de développement de l'activité de l'entreprise* » soit plus précisément au moins 50% (à verser ou bien au *report de bénéfice* ou bien *aux réserves non distribuables* ; il faut aussi avoir égard à une allocation de 20% du bénéfice à une réserve dite « *fonds de développement* ») [97] . Tant l'objectif de durabilité de

---

[97] Section II lit. c : «*prélèvement d'une fraction définie par arrêté du ministre chargé de l'économie sociale et solidaire et au moins égale à **20 % des bénéfices de l'exercice**, affecté à la constitution d'une **réserve statutaire obligatoire**, dite 'fonds de développement' [...]; prélèvement d'une fraction définie par arrêté du ministre chargé de l'économie sociale et solidaire et au moins égale à **50 % des bénéfices de l'exercice**, affecté au report bénéficiaire ainsi qu'aux réserves obligatoires.*»

l'entreprise que celui d'une ferme affectation du bénéfice au but social et solidaire sont manifestes dans ces règles.

Le droit roumain connaît une règle encore plus rigoureuse, puisque c'est « *au moins 90% du profit* » qui doit être alloué « *au but social et à la réserve statutaire* »[98].

En droit luxembourgeois, on retrouve la même idée, avec « *une allocation à l'activité de l'entreprise d'au moins 50% des bénéfices* »[99] (dans un esprit de « *lucrativité limitée* » pour les membres)[100].

En droit colombien et en droit belge, des règles fiscales paraissent viser le même effet[101].

3.2 Règles sur les rémunérations

Dans ce que l'on peut dire être *en amont de la distribution du bénéfice*, il existe aussi des règles sur les rémunérations autres que les distributions, c'est-à-dire : les salaires.

Nature et fonction

Des restrictions visent le niveau absolu et le niveau relatif des salaires.

Les règles qui portent sur le niveau absolu de rémunération se comprennent au vu de la nécessité d'éviter que l'entreprise ne serve en fin de compte – le cas échéant malgré les limitations quant à la distribution de bénéfice – à

Règles à portée absolue et relative

---

[98] *Supra* n. 84 (pour les entreprises attestées comme « *entreprises sociales* »).

[99] *Supra* ad n. 78.

[100] David HIEZ, Rapport national luxembourgeois, réponse à question 1.1, ch. 2 (ad n. 9).

[101] On se rapporte sur ces points aux rapports nationaux de Constanza BLANCO (Colombie), réponse à question 2.2, et de Roman AYDOGDU (Belgique), ch. 17 s.

un enrichissement considérable des dirigeants. Le droit luxembourgeois a clairement adopté cette approche par une limitation qui est aussi un montant absolu par référence au salaire minimum : « *La rémunération annuelle maximale versée aux salariés d'une société d'impact sociétal ne peut excéder un plafond correspondant à six fois le montant du salaire social minimum* »[102].

La référence au salaire minimal inclut une règle d'équité entre salariés : si une entreprise sociale verse le salaire minimum à l'employé le plus en bas de l'échelle, le dirigeant le mieux payé n'aura au plus que six fois autant, et au plus que trois fois autant si l'employé le moins payé reçoit le double du salaire social minimal. La limite maximale qui est fonction du salaire social minimal règle donc les deux aspects à la fois : que les salaires ne vident pas l'entreprise et n'aboutissent pas, de par un caractère mirobolant, à détourner le but solidaire de l'entreprise ; et qu'ils n'induisent pas d'inégalités trop massives au sein de l'entreprise.

Règles à portée relative

Le droit roumain ne prescrit quant à lui qu'une règle relative, en ceci que la définition d'entreprise solidaire requiert « *des niveaux de salarisation équitables entre lesquels il ne peut exister des différences qui dépassent le rapport de 1 à 8* »[103]. Il est probable que, dans le contexte économique actuel du pays, le danger qu'une entreprise à vocation sociale verse des salaires mirobolants ait été considéré comme ayant une

---

[102] Art. 5 de la loi de 2016 ; David HIEZ, Rapport national luxembourgeois, réponse à question 2.1, ad n. 23.

[103] Lucian BERCEA, Rapport national roumain, II/2 (après n. 11).

faible probabilité de survenir et que la règle relative ait été jugée suffisante à prévenir tout risque concret d'abus.

Il y a une règle similaire en droit français pour les sociétés qui ont reçu le label « *entreprise solidaire d'utilité sociale* » ; différents plafonds s'appliquent, l'un collectivement pour le groupe des dirigeants et un autre pour le dirigeant le mieux rémunéré : « *3° La politique de rémunération de l'entreprise satisfait aux deux conditions suivantes : (a) La moyenne des sommes versées, y compris les primes, <u>aux cinq salariés ou dirigeants les mieux rémunérés</u> n'excède pas, au titre de l'année pour un emploi à temps complet, <u>un plafond fixé à sept fois la rémunération annuelle perçue par un salarié à temps complet sur la base de la durée légale du travail</u> et du salaire minimum de croissance, ou du salaire minimum de branche si ce dernier est supérieur ; (b) Les sommes versées, y compris les primes, <u>au salarié ou dirigeant le mieux rémunéré</u> n'excèdent pas, au titre de l'année pour un emploi à temps complet, <u>un plafond fixé à dix fois</u> la rémunération annuelle mentionnée au (a)* ».

En Suisse, sans que ceci ne résulte directement de la loi, la pratique limite les rémunérations pour les membres de l'organe suprême des fondations *qui bénéficient d'une exonération fiscale* (à savoir le conseil de fondation). La justification est qu'elles poursuivent un intérêt général (ou « d'utilité publique ») : précisant cette idée générale, la pratique des cantons francophones est attachée à une *intervention désintéressée* de ces membres, aussi dans l'idée que la *bienfaisance* d'une fondation s'exprime concrètement par la bienfaisance des membres de l'organe suprême, lesquels ne doivent pas s'enrichir par leur activité pour une fondation de bienfaisance ; le but désintéressé qui justifie l'exonération fiscale serait sinon détourné[104]. Mais cette pratique, qui n'est pas exigée par la loi et dont on peut dire qu'elle repose sur un schéma de pensée assez rigide, est remise en question ; on observe une évolution surtout dans des cantons alémaniques qui considèrent depuis une dizaine d'années qu'il vaut mieux que les conseils de fondation (de fondations exonérées pour leur but d'intérêt public) paient « le prix du marché » pour des personnes compétentes au sein du conseil si cela est opportun et efficace, dans la mesure où si on ne les rémunérait pas, il faudrait payer des tiers[105]. Il semble cependant qu'un but d'intérêt public justifie et exige une certaine modération ; cela dit, à moins de dispositions statutaires explicites en ce sens, il n'est probablement compatible avec le but d'aucune fondation de verser aux membres de l'organe suprême des salaires de « super-cadres » (au sens employé par la doctrine économique contemporaine)[106]. L'autorité de surveillance

---

[104] Cf. p.ex. une directive de l'administration fiscale du canton de Fribourg (« Demande d'exonération des personnes morales qui poursuivent des buts d'utilité publique, de service public et des buts cultuels » [non datée, mais applicable en 2019], ch. 2.2.1 lit. c) : « *Activité désintéressée - Les membres du comité/conseil œuvrent bénévolement. Cette condition doit être prévue dans les statuts. [...] Les personnes qui exercent une fonction exécutive/de direction rémunérée ne peuvent pas être membres du sein du comité/conseil, sauf avec voix consultative* ».

[105] Ainsi les considérations de la Conférence fiscale 2008 (réunion des directeurs des finances des 26 cantons et de la confédération), p. 38 : « *En pareil cas, une indemnisation ne s'oppose pas à la notion du désintéressement, dès lors que l'institution devrait recourir aux services de tiers ou accomplir lesdites tâches par l'intermédiaire d'une agence commerciale, lesquels devraient de toute façon être indemnisés conformément au tarif professionnel applicable en la matière en fonction de la nature du patrimoine à gérer (portefeuille de titres, immeubles)* ».

[106] Ainsi Thomas PIKETTY, *Le capital au XXIe siècle*, 2013, p. 500-504 (pour la notion de « super-cadres ») et 529-534. *Supra* n. 58.

des fondations doit le cas échéant y veiller et imposer un niveau des salaires compatible avec le but de la fondation[107].

On précisera que, quelle que soit l'approche pour l'organe suprême, les salariés, y compris le directeur général non-membre du conseil, peuvent être rémunérés normalement.

Ces quelques règles donnent un aperçu *de la vie financière intérieure* des personnes morales actives dans les domaines de l'économie solidaire. Ces règles peuvent être perçues comme des *limitations* en ceci qu'elles restreignent la liberté des organes dirigeants de verser les dividendes qu'ils souhaiteraient spontanément ou les hautes rémunérations qui pourraient leur venir à l'esprit. Mais elles constituent précisément ce qui est censé représenter une importante *spécificité* des entreprises d'économie solidaire – la lucrativité limitée : celle-ci et sa concrétisation par ces règles font partie de l'état d'esprit de l'économie solidaire, et, sur le plan plus strictement financier, cela est susceptible de créer une certaine capacité de résilience par l'accumulation de réserves, dans un objectif de *durabilité* (au sens premier et direct du terme, c'est-à-dire la durabilité de l'entreprise elle-même).

La lucrativité limitée comme caractéristique

Dans un système où personne n'est forcé d'exploiter une entreprise selon le régime prévu pour l'économie solidaire, puisque se lancer dans une telle entreprise est un choix, ces limitations sont donc à comprendre non pas comme une contrainte, mais comme une caractéristique.

---

[107] Il n'est pas inconcevable qu'un niveau excessif des salaires constitue un acte de gestion déloyale au sens du droit pénal (cf. p.ex. Tribunal fédéral 23.11.2015, 6B_310/2014, consid. 3.9.3).

3.3 Avantages et facilitations liées à l'appartenance au secteur de l'économie solidaire

On évoquera en quelques mots les avantages ou facilitations que l'ordre juridique offre aux entreprises de l'économie solidaire. Les avantages sont avant tout de nature fiscale et de commande publique.

3.3.1 Fiscalité

Exonérations :
- en matière
d'impôts directs

Dans plusieurs systèmes juridiques, les montants qui rentrent dans les réserves ne sont pas imposés au titre de l'impôt sur le bénéfice. Cela apparaît être le cas en France et en Colombie[108]. Dans une certaine mesure, il apparaît, notamment en Belgique, que les revenus versés aux membres d'une société coopérative d'économie sociale sont, eux aussi, exonérés[109].

En Suisse, ce sont uniquement les personnes morales à but d'intérêt général qui peuvent bénéficier d'une exonération de l'impôt sur le revenu[110]. Il faut observer que ces personnes bénéficient aussi de la règle selon laquelle les donations qui leur sont faites sont exonérées dans le chef des donateurs de tout impôt sur les donations[111] et qu'en plus,

---

[108] Constanza BLANCO, Rapport national colombien, réponse à question 2.1.

[109] Roman AYDOGDU (Belgique), ch. 17 (ad n. 17) : *« [...] reconnues comme « vraies » coopératives, les coopératives agréées, qui peuvent se prévaloir de cet agrément dans le public, deviennent membres de l'assemblée générale du Conseil national de la Coopération et jouissent de divers avantages en droit fiscal (application d'un tarif réduit à l'impôt des sociétés et l'exonération d'une partie des dividendes versés aux associés) »*. Il en allait de même de la « société à finalité sociale » (« SFS »), qu'une réforme législative de 2019 a abolie.

[110] Cf. *supra* n. 93.

[111] Pour un exemple de législation, cf. art. 20 al. 1 lit. d et al. 2 de la loi cantonale vaudoise concernant l'impôt sur les successions et les

les donateurs peuvent déduire les montants ainsi payés de leur revenu imposable, jusqu'à 20%[112].

- en matière d'impôts indirects

Sur le plan de la TVA, le rapport roumain expose qu'il y a une exemption « *pour les opérations d'intérêt général : santé, éducation, prestation des services ou livraisons de biens étroitement liées à l'assistance ou à la protection sociale, effectués par les institutions publiques ou par d'autres entités reconnues comme ayant un caractère social* ». Les autres rapports nationaux ne se sont pas attardés sur cet aspect, mais il est connu que d'autres systèmes juridiques (y compris la réglementation européenne et celle de la Suisse) exemptent ou exonèrent de la TVA une série de prestations de nature sociale[113] ; cela dit, il s'agit d'une problématique en soi assez détaillée, sur laquelle on ne peut s'étendre davantage dans le cadre de ce rapport.

Résumé

Il y a donc des avantages, incitations ou facilitations, de nature fiscale ; ils peuvent se rapporter à l'entreprise (exonération du bénéfice ou parties du bénéfice, p.ex. celles consacrées à la constitution de réserves), à ses membres (exonération de certaines rémunérations) ou aux prestations (exonération de la TVA).

---

donations (« LMSD »). Les donations que font ces personnes morales sont aussi exonérées de l'impôt sur les donations (jusqu'à CHF 50'000.- par bénéficiaire, art. 16 lit. f LMSD ; le flux correspondant à cette donation n'est par ailleurs pas considéré comme un revenu imposable, cf. art. 24 lit. a de la Loi sur l'impôt fédéral direct).

[112] Art. 33a de la Loi sur l'impôt fédéral direct (adopté en 2004, entré en vigueur en 2006).

[113] Cf. art. 132 de la Directive 2006/112/CE du Conseil du 28.11.2006 relative au système commun de taxe sur la valeur ajoutée (al. 1, lit. a – q).

3.3.2 La commande publique

L'aspect de la commande publique n'est pas non plus sans importance. On peut observer que, dans le cadre de l'Organisation mondiale du commerce (OMC), l'Accord sur les marchés publics (de 1994, révisé en 2014) n'exclut pas que les Etats parties puissent favoriser des besoins sociaux *dans la commande publique*. L'article III[114], ch. 2, stipule : *« [...] 2. Sous réserve que ces mesures ne soient pas appliquées de façon à constituer soit un moyen de discrimination arbitraire ou injustifiable entre les Parties où les mêmes conditions existent, soit une restriction déguisée au commerce international, rien dans le présent accord ne sera interprété comme empêchant une Partie d'instituer ou d'appliquer des mesures : (a) nécessaires à la protection de la moralité publique, de l'ordre public ou de la sécurité publique ; (b) nécessaires à la protection de la santé et de la vie des personnes et des animaux ou à la préservation des végétaux ; [...] (d) se rapportant à* des marchandises fabriquées ou des services fournis par des

---

[114] Une ouverture aux besoins sociaux tels que poursuivis par l'économie solidaire peut aussi être *entraperçue* aux 'art. II et XXII de ce traité : « *Article II [...] 3. À moins que les annexes de l'Appendice I concernant une Partie n'en disposent autrement, le présent accord ne s'applique pas: [...] (b) aux accords non contractuels, ni à toute forme d'aide qu'une Partie fournit, y compris les accords de coopération, les dons, les prêts, les participations au capital social, les garanties et les incitations fiscales ; [...] (e) aux marchés passés: (i) dans le but spécifique de fournir une assistance internationale, y compris une aide au développement ; [...] (iii) conformément à la procédure ou condition particulière d'une organisation internationale, ou financés par des dons, des prêts ou une autre aide au niveau international dans les cas où la procédure ou condition applicable serait incompatible avec le présent accord; [...] » ; Article XXII : « [...] 8. (a) Le Comité engagera de nouveaux travaux [...] en adoptant des programmes de travail sur les questions suivantes : (i) le traitement des petites et moyennes entreprises ; [...] (iii) le traitement des marchés durables ; [...] ».*

personnes handicapées, des institutions philanthropiques *ou des détenus* ».

Dans plusieurs pays, dont la France, la notion de « clauses sociales » s'est développée en rapport avec ces possibilités[115]. Le Code de la commande publique comprend une sous-section consacrée spécifiquement à la « *Réservation de marchés aux entreprises de l'économie sociale et solidaire* », cela notamment lorsque le marché public concerné consiste dans des services sociaux mais aussi d'autres domaines spécifiquement énoncés par un avis annexé à ce Code[116] ; on observe que cette liste comprend, outre les services relevant de la santé, ceux qui se rapportent

« Clauses sociales »

---

[115] En Belgique, on relève notamment plusieurs directives du gouvernement de Wallonie, soit notamment une *Circulaire du 7.9.2017 – « Clauses sociales » (« sur l'insertion des clauses sociales dans les marchés publics - Obligation d'insérer des clauses sociales dans les marchés publics de travaux en matière de voiries et d'équipement de zones d'activités économiques »*), une *Circulaire du 30.3.2017 – « Clauses sociales », une Circulaire du 21.7.2016 « Clauses sociales & MP de travaux supérieurs à 1 million € HTVA (« sur l'insertion de clauses sociales dans les marchés publics de travaux (bâtiments) supérieurs à 1 million € HTVA »*). Une *Circulaire du 28.11.2013* intitulée *« Politique d'achat durable » allait déjà dans ce sens, dans une certaine mesure. En France, les « clauses sociales » remontent à l'art. 5 du Code des marchés publics (adopté en 2006) prescrivant de* tenir *« compte des objectifs de développement durable »*.

[116] L'art. L2113-15 du Code de la commande publique dit : « *Des marchés ou des lots d'un marché, qui portent exclusivement sur des services sociaux et autres services spécifiques dont la liste figure dans un avis annexé au présent code, peuvent être réservés par un pouvoir adjudicateur, y compris lorsqu'il agit en tant qu'entité adjudicatrice, aux entreprises de l'économie sociale et solidaire définies à l'article 1er de la loi n° 2014-856 du 31 juillet 2014 relative à l'économie sociale et solidaire ou à des structures équivalentes, lorsqu'elles ont pour objectif d'assumer une mission de service public liée à la prestation de services mentionnés sur cette liste* ». D'autres dispositions favorisent spécifiquement l'insertion de personnes handicapées, p.ex.

à l'enseignement (de tous niveaux) et à la culture[117] ; force est de constater que le champ de cette « réservation » n'est pas étroit.

3.3.3 Régime de responsabilité en cas de dommage ou de faillite

Le questionnaire remis aux rapporteurs nationaux cherchait à déterminer l'existence, ou l'absence, d'un régime particulier en matière de responsabilité, concrètement pour cerner si les administrateurs ou dirigeants sont traités – hors cas de fraude – avec davantage de mansuétude en cas de faillite de l'entreprise relevant de l'économie solidaire.

Principe de l'identité de régime

Le rapport belge a clairement nié l'existence d'une approche spécifique aux entreprises de l'économie solidaire, en se référant au fait qu'une adaptation Code de droit économique (Livre XX) soumet depuis 2018 toutes les entreprises au régime de la faillite, qu'elles aient un but lucratif ou non, ce qui emporte que les dirigeants sont soumis au même régime

---

[117] Cet « Avis relatif aux contrats de la commande publique ayant pour objet des services sociaux et autres services spécifiques » (JORF n°0077 du 31 mars 2019 [texte n° 83], étant précisé que des versions antérieures ont existé depuis 2016) énonce comme « marchés publics pouvant faire l'objet d'une réservation au bénéfice des entreprises de l'économie sociale et solidaire », dans la catégorie « *Services sanitaires, sociaux et connexes* » les services « *de mise à disposition de personnel d'aide à domicile* », « *de mise à disposition de personnel infirmier et médical* », « *de santé et services sociaux* » et les « *Services prestés par les organisations sociales* » et dans la catégorie « *Services administratifs, sociaux, éducatifs et culturels et soins de santé* » les services « *administratifs de l'enseignement et de la santé* », « *d'enseignement préscolaire* », « *d'enseignement supérieur* », « *d'enseignement par voie électronique* », « *d'enseignement de niveau universitaire pour adultes* », « *de formation du personnel* », « *d'aide pédagogique* », « *de bibliothèques, archives, musées et autres services culturels* » ainsi que les « *Services sportifs* » et les « *Installations de formation* ». L'Avis mentionne aussi les « *Services prestés par les associations de jeunes* ».

de « *responsabilité aggravée en cas de faillite, sans considération pour la nature de leurs activités ou pour le but, lucratif ou désintéressé, qu'elles poursuivent* »[118]. Le rapport français n'a pas exclu que la prise en considération des enjeux sociaux et environnementaux prescrite par une nouvelle rédaction de l'art. 1833 du Code civil permette d'apprécier la faute de gestion ou bien dans le sens d'une sévérité accrue si ces enjeux n'ont pas été suffisamment pris en compte par l'organe dirigeant, ou au contraire dans le sens d'une certaine mansuétude au regard des critères traditionnels de prudence financière si le dommage est survenu en raison du fait que l'organe a tenté de mettre en œuvre les objectifs d'économie solidaire[119].

D'un point de vue pratique, et de par la nature de leur orientation, les entreprises solidaires ne doivent pas donner lieu à la responsabilité à laquelle les dirigeants de sociétés commerciales classiques sont exposés au titre *d'une rentabilité trop basse ou d'une baisse du cours boursier de l'action.* Une performance « insuffisante » expose beaucoup moins le dirigeant à la responsabilité que dans une entreprise classique. Dans un contexte de lucrativité délibérément

Aspects spécifiques liés à la lucrativité limitée

---

[118] Roman AYDOGDU, Rapport national belge, ch. 28.

[119] Christine NEAU-LEDUC, Rapport national français, réponse à question 2.4 : « *la modification récente par la loi PACTE de l'article 1833 du Code civil qui reconnaît à côté de l'intérêt commun des associés, l'intérêt social de la société et impose de prendre en considération les enjeux sociaux et environnementaux pourrait permettre d'apprécier la faute de gestion du dirigeant à l'aune des principes soutenant l'ESS soit dans un sens négatif (le dirigeant n'a pas respecté ces enjeux alors qu'il l'aurait dû et une telle gestion peut engager sa responsabilité) soit dans un sens plus « positif » (le dirigeant respecte les principes de l'ESS rattachés aux enjeux sociaux et environnementaux et cela « libère » sa responsabilité au regard d'autres critères précédemment appliqués). La modification très récente de ce type supposera d'attendre sa mise en œuvre par le juge pour en apprécier la portée exacte* ».

limitée, il semble que ce ne soit qu'en *cas de faillite* que la responsabilité paraît concrètement susceptible d'être mise en œuvre – le cercle des lésés ne se limitant pas aux propriétaires dont les titres sont dévalorisés, mais comprenant alors les créanciers (lesquels n'ont pas forcément une moindre attente à voir leurs créances honorées si leur débiteur est une entreprise solidaire plutôt qu'une entreprise commerciale « classique »).

La finalité sociale donne-t-elle un argument au dirigeant dont la gestion est mise en cause pour avoir conduit à la faillite de l'entreprise solidaire ? Certes, certaines dispositions sont précisément censées favoriser la pérennité, comme le montrent les réserves importantes prévues par le droit français ou le droit roumain, dont la constitution est favorisée par rapport à la distribution du bénéfice. L'existence de telles réserves pourrait être un aspect qui fait apparaître comme maladroite une gestion qui a, malgré ces réserves, mis en faillite l'entreprise ; on doit cependant se garder de simplifications, les retournements de conjoncture et les soubresauts de la marche de l'entreprise individuelle pouvant être brusques et rapidement consommer l'intégralité des réserves. En sens inverse, il nous semble qu'un administrateur pourra faire valoir, parmi les arguments pour se défendre de toute faute ayant conduit à la faillite, que la finalité sociale est susceptible d'induire, dans le domaine concrètement en cause, une activité présentant des marges moins élevées en raison des égards envers les clients ou bénéficiaires de l'activité (voire une politique salariale honorant la valeur du travail), et qu'en raison de ce facteur, une entreprise solidaire est affectée d'un risque de fragilité financière dont il faut tenir compte pour ne pas retenir trop facilement une faute du dirigeant dans la gestion qui a précédé la faillite.

Sur ce sujet, on relèvera que les produits financiers émis par une entreprise solidaire peuvent tenir compte d'une absence de rentabilité. Le versement d'un revenu d'intérêt voire l'échéance peuvent être contractuellement soumis à l'aléa particulièrement vif qui résulte de ce que l'activité est accomplie dans un domaine aux marges réduites ou selon un modèle de lucrativité limitée. Pour qu'un tel produit financier existe, il suffit que le bailleur de fonds accepte de telles conditions, mais on saisit parfaitement qu'un bailleur de fonds est évidemment plus susceptible de l'accepter pour une entreprise dont l'objectif est solidaire que pour une entreprise visant uniquement le profit.

3.4 Les questions demeurées sans réponse

Les rapporteurs nationaux ont révélé que plusieurs interrogations exprimées dans le questionnaire qui leur était soumis ne suscitent pas de réponse.

3.4.1 Rejoindre les objectifs de l'économie solidaire en s'éloignant de la « maximisation du profit »

L'une de ces interrogations consistait à cerner si les organes dirigeants ou l'actionnaire majoritaire peuvent être recherchés en responsabilité s'ils diminuent le profit parce qu'ils décident de faire en sorte que l'entreprise épouse l'économie solidaire. Cette interrogation était formulée en trois « sous-questions » :

« 3.1 Dans l'hypothèse où cela n'est pas interdit en principe aux sociétés commerciales, par quel processus une telle

société peut-elle décider d'agir selon les principes de l'économie solidaire ?

3.2 Comment la prise d'une telle décision est-elle organisée ? Concrètement, peut-on concevoir que les actionnaires tiennent responsables les organes dirigeants (conseil d'administration, directeurs) au titre de la baisse du profit (ou de celle des profits distribués) si ce sont ces organes qui ont pris la décision d'agir selon les principes de l'économie solidaire ?

3.3 Si l'actionnaire majoritaire prend une telle décision, les actionnaires minoritaires peuvent-ils s'y opposer ? »

L'affaire Dodge c. Ford (1919)

Sans que cette « légende urbaine » soit l'unique inspiration de ces questions, le procès que les frères Dodge ont fait à Henry Ford au motif qu'il avait augmenté le salaire de ses ouvriers a marqué les esprits. Il ne s'agit d'ailleurs pas d'une « légende » puisqu'il y a véritablement eu un procès introduit au titre du bénéfice réalisé en 1916 et un jugement, rendu en 1919[120]. Il en est souvent retenu que ce jugement a affirmé avec résolution que la société anonyme avait pour but de maximiser le profit de ses actionnaires et que les organes dirigeants pouvaient se voir « interdire d'être généreux avec des non-actionnaires ». Effectivement, l'*obiter dictum* figurant dans l'opinion (convergente) de l'un des juges ayant pris la décision l'énonce de façon tout à fait expresse : « *Une société commerciale de capitaux est organisée et conduite en premier lieu pour le bénéfice de ses actionnaires. Les pouvoirs des administrateurs doivent être utilisés à cette fin. La liberté d'appréciation des*

---

[120] Par la Cour suprême du Michigan (204 Mich. 459, 170 N.W. 668 [Mich. 1919]).

administrateurs s'exerce quant au choix des moyens pour atteindre ce but, mais n'inclut pas la faculté de modifier ce but lui-même, de réduire les bénéfices ou de ne pas distribuer les bénéfices entre actionnaires de façon à les allouer à d'autres buts »[121]. Concrètement, l'entreprise Ford qui avait accumulé 60 millions de dollars de bénéfices a été condamnée à payer un dividende extraordinaire de 19,3 millions aux frères Dodge.

Mais un examen attentif montre que ce n'est pas en soi *Contenu exact* « l'augmentation des salaires » qui est en cause. Les faits retenus indiquent que M. Ford soupçonnait (avec raison d'ailleurs) les frères Dodge de vouloir monter une entreprise concurrente avec les dividendes que verserait Ford ; pour cette raison, il avait donc décidé de les priver de ces moyens en limitant les dividendes en vue de réinvestir[122], et il a effectivement augmenté les salaires et baissé les prix aux consommateurs de façon à réduire la rentabilité. Le tribunal l'a enjoint à verser un dividende extraordinaire (et non pas directement à réduire les salaires).

---

[121] Le juge Russel C. OSTRANDER (« *A business corporation is organized and carried on primarily for the profit of the stockholders. The powers of the directors are to be employed for that end. The discretion of directors is to be exercised in the choice of means to attain that end, and does not extend to a change in the end itself, to the reduction of profits, or to the non-distribution of profits among stockholders in order to devote them to other purposes* »).

[122] Henry Ford avait déclaré, en expliquant qu'il fallait réinvestir les bénéfices pour la croissance de l'entreprise : « *My ambition is to employ still more men, to spread the benefits of this industrial system to the greatest possible number, to help them build up their lives and their homes. To do this we are putting the greatest share of our profits back in the business* ».

Le bien de l'entreprise au-delà de la « maximisation du profit »

En soi, ce jugement a aussi retenu une très grande liberté des administrateurs de gérer l'entreprise pour son bien et notamment son bien à long terme, c'est-à-dire concrètement y compris en augmentant sensiblement ou massivement les salaires si cela est bon pour l'entreprise[123]. La limite est que l'entreprise ne peut pas être transformée en entité sans but lucratif, mais les décisions des administrateurs n'engendrent pas leur responsabilité tant qu'ils agissent pour le bien de l'entreprise, qu'un certain rendement est réalisé et qu'il n'y a pas eu tromperie au moment d'investir.

D'ailleurs, l'idée selon laquelle le but lucratif d'une société anonyme ne peut être supprimé qu'à l'unanimité des actionnaires existe dans d'autres ordres juridiques, notamment dans le droit suisse (qui déclare annulable toute décision de l'assemblée générale qui « supprime le but lucratif de la société sans l'accord de tous les actionnaires »[124]).

Quoi qu'il en soit, aucun rapport national n'a fait état d'un cas où le problème se serait posé dans une affaire suffisamment connue pour donner lieu à un écho judiciaire ou médiatique.

---

[123] La doctrine le reconnaît d'ailleurs très nettement en relativisant le résultat du jugement qui a consisté à ordonner le versement d'un dividende extraordinaire (p.ex. J. MACEY : « *the rule of wealth maximization for shareholders is virtually impossible to enforce as a practical matter. The rule is aspirational, except in odd cases. As long as corporate directors and CEOs claim to be maximizing profits for shareholders, they will be taken at their word, because it is impossible to refute these corporate officials' self-serving assertions about their motives* »).

[124] Art. 706 al. 2 ch. 4 CO.

3.4.2 Les particularités du processus décisionnel

Une autre série de questions qui n'a pas vraiment appelé de réponses concerne les difficultés éventuelles du processus décisionnel des entreprises relevant de l'économie solidaire :

« 4.1 Comment les processus décisionnels sont-ils aménagés dans les entreprises relevant de l'économie solidaire, en quoi se distinguent-ils le cas échéant des processus usuels ? Peut-on considérer que les processus décisionnels des entreprises relevant de l'économie solidaire sont l'objet de difficultés particulières ?

4.2 Notamment, une gouvernance conçue comme résolument démocratique, dans laquelle le vote n'est pas déterminé par l'ampleur d'un investissement capitalistique facilement mesurable, induit-elle des difficultés qui peuvent mettre en danger le fonctionnement ou la pérennité de l'entreprise ? Comment, le cas échéant, ces intérêts contradictoires sont-ils arbitrés ?

4.3 Quelles difficultés ont-elles pu être observées p.ex. dans les structures appliquant la règle « une personne, une voix » (p.ex. lorsque la participation au fonctionnement de l'entreprise s'avère progressivement très inégale) ? Des modèles alternatifs efficaces de pondération des voix ont-ils été élaborés ?

4.4 Quelles particularités peuvent-elles être décrites quant au transfert d'une entreprise relevant de l'économie solidaire (à une nouvelle génération, à des employés, à des partenaires) ? »

Dans l'ensemble, les rapports nationaux ont indiqué qu'il y avait singulièrement peu, voire pas de problèmes spécifiques à signaler.

Conflits de niveau « infra-judiciaire »

Une des hypothèses que l'on peut énoncer est que s'il y a probablement bel et bien des problèmes qui surgissent de temps à autre, ils demeuraient probablement à un niveau que l'on pourrait dire *infra-judiciaire* ; les entreprises solidaires impliquent des enjeux de pouvoir – et de gains financiers – moindres, ce qui doit induire qu'il n'y a guère de litiges qui franchissent le seuil où l'on décide de saisir la justice ou, en tout cas, de conduire un procès jusqu'à son terme, au vu, notamment, des coûts que cela implique.

Idéalisme et difficultés de la mise en pratique

La pratique du conseil juridique révèle cependant que parmi les personnes qui souhaitent lancer une activité, beaucoup souhaitent *a priori* constituer des sociétés coopératives ou des associations pour des raisons de nature philosophique, et donc ne pas créer de société anonyme. Cela est assurément la traduction de la volonté de chercher autre chose que le profit (et peut-on dire, d'afficher ou rendre aisément visible cette volonté). La mise en œuvre n'est pas simple. Un exemple concret, tiré de la pratique, est celui des dirigeants d'une école d'administration des affaires (*Business School*) laquelle, après avoir longtemps enseigné une vision « pure et dure » de la vie des affaires, s'était activement convertie dans la promotion de la responsabilité sociale des entreprises et la durabilité ; ils souhaitaient l'acquérir mais voulaient le faire en constituant une coopérative qui serait devenue propriétaire, ou une association. Le modèle élaboré est au fil des réflexions devenu d'une complexité folle. En effet, la mesure de l'apport de chacun était en réalité très variable, et susceptible de varier au cours du temps, avec des aspects très difficilement quantifiables et prévisibles (comme les apports en travail), tandis que les apports financiers étaient clairs et prévisibles. Bien que très créatifs, les participants (« les coopérateurs ») potentiels n'ont pas trouvé « d'algorithme » ou de modèle pouvant être traduit en statuts d'une société, complétés le cas échéant par un pacte de sociétaires et un faisceau de contrats : avec la coopérative qui prévoit l'égalité de voix entre membres, l'investissement, variable selon les protagonistes, supposait des prêts, mais les échéances et les rémunérations en fonction des résultats aboutissaient à l'équivalent de ce que l'on reçoit comme actionnaire. Puis, l'égalité des voix théoriquement souhaitée suscitait soudain des réticences, et le souhait était alors exprimé de trouver des mécanismes permettant de bloquer la composition du conseil d'administration en faveur de ceux qui investissaient plus que les autres. En fin de compte, ce projet ne s'est pas concrétisé, mais l'impression qui se dégageait dans les dernières phases de discussion était que si l'on continuait à adapter l'idéal coopératif aux souhaits concrets, on allait tout simplement créer, après l'avoir vigoureusement refusé *a priori*, une société anonyme, avec le cas échéant des actions de différentes catégories et un pacte d'actionnaires (incluant des engagements de travailler et des droits de rachat en cas de cessation des rapports de travail). La pratique du conseil juridique a montré un cas similaire en matière de cryptomonnaies en 2017 : alors que les promoteurs d'une nouvelle cryptomonnaie souhaitaient constituer une coopérative, ils ont finalement opté pour une société anonyme.

La pratique extrajudiciaire a aussi révélé un phénomène semblable dans le domaine des fondations, également en lien avec les crypto-monnaies. Depuis qu'une fondation suisse, Ethereum, a été la forme juridique utilisée en 2014 pour accompagner le lancement de la crypto-monnaie Ether (ETH), le choix de cette forme a été fait par de nombreux émetteurs, ce qui a été observé attentivement au vu de l'ampleur du mouvement et des moyens récoltés dès 2016-2017 [125]. Beaucoup des émetteurs de nouvelles cryptomonnaies ont fait ce choix par goût du refus des cadres juridiques de l'entreprise « classique » ; un bon nombre de promoteurs avaient justement le souhait de montrer un profil non classique et innovant et ont trouvé approprié d'opter pour que l'émission soit conduite par une fondation à but non lucratif. Cela permettait aussi de mettre en exergue le fait que la fondation surveillant l'infrastructure – et contrôlant (soit gardant sous d'étroites limites) l'éventuelle émission complémentaire – de la cryptomonnaie n'appartenait pas aux promoteurs, ce qui était cohérent avec la notion de décentralisation ou de « pouvoir distribué »[126]. Le succès des émissions crypto-monétaires a éveillé des appétits et donné de l'importance à la gouvernance. Malgré toute la bonne volonté et l'idéalisme des promoteurs – tout à fait prêts *a priori* à laisser la fondation être gérée indépendamment d'eux –, il est certain qu'ils ont ressenti durement le fait qu'il n'y ait pas d'assemblée générale permettant de révoquer les administrateurs qu'ils trouvaient inefficaces et susceptibles de mettre en danger la bonne marche du projet. Les problèmes de gouvernance et de composition de l'organe

---

[125] Nicolas ROUILLER, *Cryptocurrencies : current realities, philosophical principles and legal mechanisms*, 2ᵉ éd. 2020, p. 3-8.

[126] Nicolas ROUILLER, *Cryptomonnaies, registres distribués et entreprises*, in Unternehmensführung und Recht / Droit et gestion d'entreprise (Dürr/Lardi/Rouiller, éds.), 2ᵉ éd. 2020, p. 436.

dirigeant, bien qu'ayant donné lieu à des litiges, ont cependant pu être réglés à un niveau *infra-judiciaire*.

4. Economie solidaire et monnaies alternatives

Les rapports entre la (vaste) notion d'économie solidaire et les monnaies alternatives constituent un ample sujet.

Une classification assez éclairante des différentes catégories *Catégories* des monnaies alternatives (qui est elle-même un tour de force, tant est grande leur diversité) met en exergue que dans chacune de ces catégories, une certaine idée de la solidarité est présente ; pour beaucoup, elle est prédominante.

Un « Groupe 1 » est caractérisé comme se rapportant au « *crédit mutuel généraliste orienté vers les particuliers* », visant, comme principales transformations, « *l'émancipation des personnes et le déploiement d'un lien social de proximité par la réciprocité et un échange marchand personnalisé* » (les exemples de monnaies de ce groupe apparaissent dès 1983 avec le LETS et le SEL). Un « Groupe 2 » est caractérisé comme se rapportant au « *crédit mutuel entre particuliers pour services en base temps* », visant « *l'émancipation des personnes et le déploiement d'un lien social de proximité par la réciprocité dans le rapport au temps* » (les exemples cités apparaissent dès 1973 avec la « Banque de travail volontaire », d'autres « banques de temps » et les « Accorderies »). Un « Groupe 3 » est caractérisé comme créant une « *monnaie locale inconvertible et forfaitaire* » pour « *promouvoir une économie populaire de proximité inclusive* » (les exemples cités sont Ithaca, HOUR, Trueque et Bangla Pesa). Un « Groupe 4 » est caractérisé comme se rapportant à une « *monnaie locale convertible* » visant à « *promouvoir une économie populaire de proximité inclusive et à réorienter les pratiques de production, de commerce et de consommation »* (les exemples cités étant Palmas, Bristol Pound et Eusko). Un « Groupe 5 » rassemble les « *monnaies de récompense de gestes vertueux »*, visant à « *réorienter les pratiques de consommation et d'emploi des déchets »* (avec pour exemple, dès 2000, le NU Spaarpas, le SOL[127] et l'e-Portemonee). Un « Groupe 6 » est caractérisé comme se rapportant au « *crédit mutuel interentreprises »* visant à « *promouvoir une économie de PME faisant communauté »* (les exemples étant, dès 1930, avec un renouveau dès 1990, le WIR, le RES et le Sardex). Quant au « Groupe 7 », il est constitué des cryptomonnaies décrites comme visant à la « *promotion d'échanges affranchis du cadre bancaire des monnaies officielles et des limites territoriales »*[128].

Belgique

On fera explicitement référence au rapport national belge, qui mentionne plusieurs expériences de monnaies alternatives faites en Belgique : « *la loi n'établit pas de régime juridique complet pour les monnaies alternatives, dont de nombreux exemples fleurissent en Belgique sous la forme de monnaies locales »* ; « *elle n'exclut pas leur émission pour peu qu'elles ne soient pas présentées comme des signes monétaires destinés à circuler dans le public comme moyen de paiement mais par exemple comme des bons d'échange, d'achat ou encore de soutien à l'économie locale, qui ne peuvent être utilisés qu'auprès de ceux qui y*

---

[127] A ne pas confondre avec le SOL (pour « Solana »), qui est une importante cryptomonnaie mettant en œuvre depuis 2019 le concept de validation par la « preuve historique » (plutôt que la validation par « preuve du travail », comme le bitcoin, ou par la « preuve d'enjeu » appliquée en premier lieu par le Tez [XTZ] de Tezos).

[128] Cette classification est de Jérôme BLANC, *Les monnaies alternatives*, 2018, p. 13 s.

ont consenti. Par exception au monopole légal établi au profit des prestataires de services de paiement, une entreprise est autorisée à fournir des services de paiement au moyen d'instruments de paiement pour autant que ces instruments soient uniquement utilisables dans le cadre d'un réseau limité, c'est-à-dire lorsque : 1° l'instrument de paiement ne permet à son détenteur d'acquérir des biens ou des services que dans les locaux de l'émetteur ou, dans le cadre d'un accord commercial avec l'émetteur, à l'intérieur d'un réseau limité de prestataires de services ; ou 2° l'instrument de paiement ne peut être utilisé que pour acquérir un éventail très limité de biens ou de services ; ou 3° l'instrument de paiement n'est utilisable qu'en Belgique, est notamment fourni à l'initiative d'une entreprise ou d'un organisme public, est réglementé par une autorité publique belge, à des fins sociales ou fiscales spécifiques, et permet d'acquérir des biens ou des services spécifiques auprès de fournisseurs ayant conclu un accord commercial avec l'émetteur »[129].

En Suisse, une expérience assez ancienne est le « franc WIR », qui existe depuis 1934 et consiste fondamentalement dans un moyen de paiement entre (petites et moyennes) entreprises membres du réseau WIR (environ 60'000), qui est destiné à favoriser les achats entre entreprises du réseau (on ne peut pas utiliser les francs WIR hors de ce réseau). La circulation et la thésaurisation sont facilitées par l'existence d'une banque de ce réseau (la Banque WIR)[130] ; les échanges annuels avoisinent l'équivalent de 2 milliards de francs suisses. L'idée d'une solidarité entre membres du

« Franc WIR » (Suisse)

---

[129] Roman AYDOGDU, Rapport national belge, ch. 33.

[130] Cf. p. ex. BAUEN / ROUILLER, *Relations bancaires en Suisse*, 2011, p. 27 s.

réseau est très forte : elles s'engagent implicitement à recourir réciproquement aux prestations des unes et des autres (dans une idée d'économie circulaire au sens large) et envisagent réciproquement leur solvabilité dans une approche spécifique à la communauté de PME ainsi créée.

Crypto-monnaies

Dans un domaine au champ d'application fort différent – sous l'angle du caractère local de la communauté à tout le moins –, la Suisse a été vivement confrontée à l'émergence des *crypto-monnaies*. C'est un phénomène tout à fait différent de par sa portée géographique puisque la plupart des crypto-monnaies ont par définition vocation à servir sans frontière et à mettre en œuvre la désintermédiation (et donc l'absence de contrepartie centrale comme une banque) ; le but suivi par beaucoup est de rendre les transactions complexes beaucoup moins coûteuses, notamment celles qui requièrent à l'heure actuelle un dépôt séquestre beaucoup trop onéreux ou difficile à mettre en œuvre pour des petites transactions[131].

Cela dit, ce sont surtout les crypto-monnaies de 3e génération qui sont intéressantes dans une perspective d'économie solidaire. En particulier, le Tez (XTZ), imitée par beaucoup depuis, repose sur une gouvernance

---

[131] Sur ces questions, v. ROUILLER, *Legal Instruments and Environment of International Business* (2018), p. 287 (sûretés dans le commerce), 484 (dépôt séquestre), 524 ss (caractéristiques générales) ; v. ég., ROUILLER, *Cryptocurrencies : current realities, philosophical principles and legal mechanisms*, 2e éd. 2020, p. 19 ss ; ROUILLER, *Cryptomonnaies, registres distribués et entreprises*, in Unternehmensführung und Recht / Droit et gestion d'entreprise (Dürr/Lardi/Rouiller, éds.), 2e éd. 2020, p. 427 s. Sur le fonctionnement, voir FAVIEZ/HUGUET/TAKKAL BATAILLE, *Bitcoin – méthamorphoses (De l'or des fous à l'or numérique)*, 2018 ; voir aussi une présentation originale par Jean-Paul PONS, *Cryptomonnaies – impasse ou révolution (Interrogations sur les actifs à vocation monétaire de nouvelle génération)*, 2019, spéc. p. 65-75.

démocratique très forte permettant de changer les règles par des procédures de vote assez fréquemment mises en œuvre, qui fait que les participants se considèrent non pas comme des déposants qui espèrent une flambée du cours de la monnaie qu'ils détiennent, mais comme les membres d'une communauté qui organisent la monnaie et sont à ce titre solidaires les uns des autres. C'est un degré *d'autogestion* qui n'a manifestement rien de comparable à la monnaie d'Etat, dont le fonctionnement est éloigné du processus démocratique (même dans un pays de démocratie directe comme la Suisse, l'indépendance de la banque nationale est sans cesse rappelée comme une nécessité pour mener une politique monétaire raisonnable, éloignée des pressions politiques). Par ailleurs, dans ces crypto-monnaies démocratiques, il y a une solidarité objective et immédiate, directe, entre les membres de la communauté dans la mesure où le maintien de la valeur de l'unité monétaire dépend de la décision commune des participants de ne pas augmenter la masse (crypto-)monétaire[132].

---

[132] Sur ces questions, v. réf. *supra* in n. 125 s. Les formulations figurant dans le tableau sur la page suivante sont tirées pour les catégories N° 1 à 6 presque intégralement du livre de Jérôme BLANC, *Les monnaies alternatives*, 2018, p. 13 s. ; la catégorie N° 7, cryptomonnaies, est analysée et formulée différemment dans le présent ouvrage.

Tableau récapitulatif des monnaies alternatives

Catégorisation	Objectifs	Apparition et exemples
1. Crédit mutuel généraliste orienté vers les particuliers	Emancipation par déploiement d'un lien social de proximité par la réciprocité et un échange marchand personnalisé	1983 : LETS et SEL
2. Crédit mutuel entre particuliers pour services en base temps	Emancipation des personnes et le déploiement d'un lien social de proximité par la réciprocité dans le rapport au temps	« Banque de travail volontaire » (1973), « banques de temps », « Accorderies »
3. Monnaie locale inconvertible et forfaitaire	Promouvoir une économie populaire de proximité inclusive	Ithaca (1991), HOUR, Trueque, Bangla Pesa
4. Monnaie locale convertible	Promouvoir une économie populaire de proximité inclusive et à réorienter les pratiques de production, de commerce et de consommation	Palmas (1998), Bristol Pound et Eusko
5. Monnaies de récompense de gestes vertueux	Réorienter les pratiques de consommation et d'emploi des déchets	2000 : NU Spaarpas, SOL, e-Portemonee
6. Crédit mutuel interentreprises	Promouvoir une économie de PME faisant communauté	1934 : WIR 1990 : RES, Sardex
7. Cryptomonnaies	Echanges sans contrepartie centralisée (sans intermédiaires financiers), avec registre des transactions décentralisé ou « distribué » ; possibilités de fonctions dites « d'utilité », notamment pour programmation de contrats ou transactions et/ou pour modifier la structure (ou la gouvernance) de la cryptomonnaie	Bitcoin (BTC - 2009), Ether (ETH, 2014), Cosmos (ATOM, 2017), Tez (XTZ, 2018), Solana (SOL, 2020)

V. Conclusion

Quels qu'ils soient, les instruments juridiques de l'économie *Clarté et perspectives* solidaire ne suffisent évidemment pas à eux seuls à résoudre les problèmes sociaux ou écologiques. Indépendamment de ces instruments, il faut que des personnes en chair et en os aient la motivation d'embrasser les activités qui tendent à traiter ou résoudre ces problèmes. Ce que les instruments juridiques peuvent apporter de fort utile, c'est faciliter la mise à disposition d'un cadre clair pour une entreprise qui se veut solidaire, où il n'y a *pas d'ambiguïté sur les paramètres de la lucrativité, pas exclue mais limitée*. En effet, entre entreprises à but purement non-lucratif et la lucrativité limitée, il y a manifestement un domaine vaste pour ceux qui ont la volonté d'agir de façon solidaire. Dans une perspective de droit comparé, pour les juristes qui pratiquent dans un système législatif où, tout bien considéré, il n'existe essentiellement comme règle spécifique que l'exonération fiscale des entités visant purement l'utilité publique, les expériences qui seront faites grâce à ces instruments juridiques spécifiques revêtiront un vif intérêt. En l'état actuel des réflexions et des observations, on peut légitimement s'attendre à ce que ces instruments permettent l'envol et le déploiement du secteur de l'économie solidaire.

Sommaire

Table des matières